用友基金会
yonyou Foundation

中国商业文化遗产文库

国有企业治理现代化与技术赶超

基于中国百年水运建设企业的研究

熊金武 等 著

东北财经大学出版社 大连
Dongbei University of Finance & Economics Press

图书在版编目（CIP）数据

国有企业治理现代化与技术赶超：基于中国百年水运建设企业的研究 ／ 熊金武等著. 一大连：东北财经大学出版社，2024.5
（中国商业文化遗产文库）
ISBN 978-7-5654-5180-5

Ⅰ.国… Ⅱ.熊… Ⅲ.水路运输企业－交通运输史－中国 Ⅳ.F552.9

中国国家版本馆CIP数据核字（2024）第055165号

东北财经大学出版社出版发行

大连市黑石礁尖山街217号 邮政编码 116025

网　　址：http://www.dufep.cn

读者信箱：dufep@dufe.edu.cn

大连图腾彩色印刷有限公司印刷

幅面尺寸：170mm×240mm　字数：197千字　印张：13.25　插页：1
2024年5月第1版　　　　2024年5月第1次印刷
责任编辑：蔡　丽　吴　焕　责任校对：刘贤恩
封面设计：原　皓　　　　版式设计：原　皓
定价：78.00元

前言

党的二十大报告指出，"加快实施创新驱动发展战略""加快实现高水平科技自立自强"。党的十八大以来，国家高度重视科技创新，把创新列为国家发展全局核心。我国提出并贯彻新发展理念，着力推进高质量发展，推动构建新发展格局，实施供给侧结构性改革，制定一系列具有全局性意义的区域重大战略。我国经济实力实现历史性跃升，建成世界最大的高速铁路网、高速公路网，机场、港口、水利、能源、信息等基础设施建设取得重大成就。我国加快推进科技自立自强，全社会研发经费支出从1万亿元增加到2.8万亿元，居世界第二位，研发人员总量居世界首位。党的二十大报告指出："必须坚持科技是第一生产力、人才是第一资源、创新是第一动力，深入实施科教兴国战略、人才强国战略、创新驱动发展战略，开辟发展新领域新赛道，不断塑造发展新动能新优势。"党的二十大强调加快实施创新驱动发展战略，坚持面向世界科技前沿、面向经济主战场、面向国家重大需求、面向人民生命健康，加快实现高水平科技自立自强。强化企业科技创新主体地位，发挥科技型骨干企业引领支撑作用，基础研究和原始创新不断加强，一些关键核心技术实现突破，战略性新兴产业发展壮大，载人航天、探月探火、深海深地探测、超级计算机、卫星导航、量子信息、核电技术、新能源技术、大飞机制造、生物医药等取得重大成果，进入创新型国家行列，推动我国迈上全面建设社会主义现代化国家新征程。

2022年，我国成功进入创新型国家行列，但关键核心技术仍与欧美发达国家存在一定差距。我国经历过多轮引进—消化—吸收—落后之后，逐渐意识到仅仅通过学习与模仿的引进型技术创新不能解决技术"卡脖子"问题，只有自主创新才能实现长期、可持续技术进步，实现进入创新型国家前列的远景目标。百年以来，中国水运建设行业经历了完整的赶超。"海上大型绞吸疏浚装备的自主研发与产业化"项目获评2019年度国家科学技术进步奖特等奖，就是我国水运建设行业科技自立自强的典型代表。

制度变革与技术绩效是科技自立自强的一体两面。为了理解水运建设行业技术成就的历史逻辑与理论逻辑，本书选择中国水运建设企业作为案例，从企业史角度梳理百年中国企业治理和技术绩效变迁。同时，"基建狂魔"就是对中国交通建设行业的肯定，"要想富先修路"也是从交通角度理解中国经济奇迹的微观视角。中国水运建设企业是中华人民共和国史的微观主体，也是百年企业代表，其发展史反映了中国社会经济变迁的各方面。因此，本书介绍了国有企业的治理模式与技术变革，结合经济分析与历史，通过企业史和行业史分析来理解提升国有企业治理现代化和技术水平的逻辑，为产业发展和中国式管理提供借鉴。

作者

2024年1月

目录

第一章 水运建设的古与今

　　水运建设是中国文明的重要起源，与工业化程度紧密相关。工业革命被认为是由技术进步带来的、对产业与社会影响深远的变革，带来了商业模式、经济结构、生活文化以及政治格局的跨越式重构。在以欧美国家为主导的工业化过程中，西方国家带来的冲击显而易见。从方法论来看，"冲击-反应"模式的外因论曾经占主导地位。这种观点认为中国近代一系列政治、经济、社会以及意识形态历史进程都来自19世纪西方文明的冲击，这些冲击是打破中国传统平衡的唯一动力。①尽管晚清时期工业化开始萌动时，洋务派追求"机船器物"以求"师夷长技以制夷"，但"机船器物"各个产业沿着不同的路径演变，并不完全是"冲击-反应"的模式。②与洋务派不同，民间也出现了以张謇的大生纱厂为代表的完全立足本土手工纺织业发展的实业和地区经济。

　　但是，西方冲击模式下形成的条约港体系，尤其是相关的基础设施

---

　　① TÊNG S, FAIRBANK J K. China's response to the West: A documentary survey, 1839-1923 [M]. Cambridge, MA: Harvard University Press, 1954.
　　② 吴承明. 早期中国近代化过程中的外部和内部因素——兼论张謇的实业路线 [J]. 教学与研究, 1987 (5): 48-52.

发展影响了近代中国的经济发展，与水运交通相关的现代机械航道疏浚和港口建设就是其中之一。在近代交通体系中，除了现代化铁路外，港口和内河航运在社会从传统到现代的转型中占有重要的地位。交通基础设施与一个国家或者地区的工业化相辅相成。罗斯托曾将大量的交通基础设施建设作为工业化发展与经济起飞的社会先行资本之一。[①]水运交通基础设施的建设与不平等条约下的条约港经济密不可分。强制性开放的"西方冲击"使得航道疏浚和港口建设一开始就是满足西方国家扩大对外贸易需要的产物。

水运基建作为工业化的重要内容，涉及挖泥机械以及组织结构的建立。与工业化初始的"机船器物"[②]不同，水运建设一开始就与本土的工业化发展存在严重的分离状况。对中国现代水运建设体系的形成历史实践进行考证，首先，可以对"冲击-反应"模式进行反思，在强制性机制变迁背后更有诱致性制度变迁，而变迁的方向是回到一种新的传统——新的举国体制。其次，为解读中国工业化的发展提供了鲜活的案例。作为后发国家，工业化首先需要主权独立，也不可能重复先前国家的足迹，不能离开传统凭空架屋，而应该走自己的模式。

第一节　传统水运建设组织

中国水文化源远流长。水不仅指水利，还包括了水运。魏特夫指出，中国等传统文明皆为治水文明。无论其"治水社会论"争议如何，毋庸置疑，传统中国社会水文化底蕴深厚。女娲补天、大禹治水是中国水文明的标志，大运河、郑和下西洋等都是中国水运建设历史成就的代表。孙中山在《建国方略》中曾规划了北方、东方和南方大港等宏伟建设蓝图。

---

① 罗斯托. 经济增长的阶段：非共产党宣言 [M]. 郭熙保，王松茂，译. 北京：中国社会科学出版社，2001.

② 中国第一批机器制造厂、机械采矿业、钢铁业以及实用化铁路都是中国人自己创办的，外国资本投资这些事业是在中国人创业20至30年后；只有船是例外，英国人最早在上海开设大造船厂，与中国福州、江南船厂竞争。参见：吴承明. 近代中国工业化的道路 [J]. 文史哲，1991（6）：67-72.

在传统社会，水利是治水的主要内容，主要无外乎三类：一是大江大河的防洪工程治理（如黄河）；二是灌溉工程治理；三是运渠工程建设（如郑国渠）。在农耕时代，这些工程背后离不开为农业发展而服务的目的，故自古以来水利事业的发展与农业经济体系息息相关，那么在以农业生产为核心部门的传统经济社会中，水利建设无疑是社会生产力的重要表现。①

大运河代表的水运也是传统社会治水文化的重要内容。作为漕运的物质载体，大运河可谓是维持一个农业帝国有序运行的命脉所在。位于淮安的清口枢纽遗址见证了明清两代几百年与黄河抗争的历史。②正是长江、黄河、大运河等水运网络支撑了传统中国文明。③由于江河湖海兼备，我国也是世界上最早发展水路运输的国家之一。这种最便捷的交通方式是前工业化社会远距离运输的重要途径之一。

古代水运交通主要分为三类：一是利用长江、淮河以及黄河等天然河道通航；二是依靠国家兴建胥河、鸿沟、京杭大运河等人工运河；三是唐宋以后，开辟海上航线，前有"海上丝绸之路"，后有以海运为主的漕运路线。不过，在前现代社会中，航运依靠的船舶主要是依靠人力带动的舟、筏等板船和依靠风力带动的帆船，多以木材为材料。

在传统社会，水运建设与水利建设并没有严格区分。历代负责水利行政和工程的官制大致可以分为以工部和水部系统为主的行政管理和以都水监系统为主的工程管理。尽管以农业生产为主要目的的水利建设的重点是灌溉、防洪、降低地下水位等，但这些水利建设在很大程度上也便利了水上航运，在一定程度上促进了地区之间的交流。例如，黄河和淮河的治理客观上推动了两河流域的水运交通发展，以京杭大运河为中心枢纽的水运体系更是全国水路运输的重要水道。自西汉以来，河工管

---

① 《中国历史上的基本经济区与水利事业的发展》一书从灌溉、防洪工程以及运渠的发展区方面探究中国历史上基本经济区的发展与变迁，从而揭示中国历史上统一与分裂的重要问题。参见：冀朝鼎. 中国历史上的基本经济区与水利事业的发展 [M]. 北京：中国社会科学出版社，1981.
② 姜师立. 中国大运河与世界水利水运遗产的对比分析 [J]. 运河学研究，2019（1）：194-209.
③ 李伯重. 水与中国历史——第21届国际历史科学大会开幕式的基调报告 [J]. 思想战线，2013，39（5）：2-6.

理体系就成为国家水利建设的重要环节。清朝时期，河道总督便是总理两河事务、维护漕运通畅的重要官衔，主要负责河防事务以及河道疏浚等，在水运治理方面起到了重要的作用。与河道管理并存的是漕运体系。1853年，黄河改道，迫使漕粮海运。随后，河工经费被大幅削减，漕路中断，漕运开始走向消亡之路。因此，1902年，东河河道总督衙门被裁撤，标志着以河道管理体系为特征的传统水运建设组织式微。

第二节　现代水运建设的萌发

一、晚清"冲击"转型

18世纪工业革命蒸汽机的使用和推广直接推动了船舶的动力性革命，加上钢铁材料在船舶建造中的使用，船舶发展产生了根本性的变化。蒸汽轮船开始取代帆船和板船成为国际贸易的主要运输工具。鸦片战争以后，五口通商口岸被迫开埠，轮船开始进入中国。[①]这种工业技术"冲击"传至国内。轮船的吨位提高，吃水不断加深，天然航道不够，简易码头难以适应现代大货轮的卸载需求，于是大规模持续性的航道疏浚以及港口建设成为必要。

随着不平等条约的签订，中国进入半殖民地半封建社会，帝国主义列强巧取豪夺，我国航权尽失，治水事权完全旁落。在晚清洋务运动中，同治皇帝于1872年12月26日批准创办轮船招商局[②]（1873年1月17日开业），以轮船为主要服务对象的近代航道管理形成，西方治水工程技术开始进入中国，中国开始了从传统以人力为主的疏浚方式向现代机械疏浚的转型。转型主要体现在交通机构建立和装备、技术引入两个方面。

---

① 1842年，英国"魔女"号轮船抵达上海，这是出现在中国的第一艘轮船。
② 黄镇东. 从"一史一录"编纂工作谈新中国水运发展的历史成就与文化传承［J］. 中国航海，2021，44（S1）：1-7.

（一）现代交通机构的建立，尤其是现代疏浚组织的成立

从管理机构来看，1854 年组建的税务司名为征税职能部门[①]，但事实上承担了许多水运建设业务，是中国最早涉及现代水运建设的机构。晚清海关组织横向并立征税、船钞、教育以及邮政四大部门。[②]其中，船钞部门始设立于 1868 年，主要职能是负责海港浮桩、号船、塔表、望楼等助航设施的建造与维护。船钞部门下设 3 个分支机构：营造处、理船厅以及灯塔处。其中，营造处参与一切有关改善沿河沿海之航行、改善海港以及监督与此相关的所有公共工程。[③]不过，现代交通业作为正式的国家机构形式，还应当始于清末新政时期国家机构改革。清末新政增设了一些与社会经济发展相适应的机构，以满足社会需求，如税务司、邮传部等。1906 年，邮传部成立，设有承政、议政两厅，船政、路政、电政、邮政四司，其中，船政掌议船律，兼司营辟厂坞，"凡内港外海各江航业，所有测量沙线、推广埠头……灯台、浮桩各事，凡有关船政者胥掌焉"[④]。在邮传部设立之前，交通行政并没有专门的管辖机构，"航政之招商归属于北洋大臣，内地商船附属于清廷工部，邮政附属于总税务司，路、电虽派达成督办，而未设专官，仅为差使"[⑤]，中国现代交通行业的发展与组织制度便始于此。不过这一切实权掌握在海关手里，仅有管理之名，并无直接实施之法。[⑥]海关拒不交出归船政司所管辖之事项，使得这一机构有名无实。晚清时期，政府机构改革，突出交通行业，也就是水运建设（尤其是海上航运），而不是水利建设。

---

① 戴一峰. 晚清中央与地方财政关系：以近代海关为中心 [J]. 中国经济史研究，2000（4）：59-73.
② 戴一峰. 晚清海关组织建构论述 [C]//王玉茹，吴柏均. 经济发展与市场变迁——吴承明先生百年诞辰纪念文集. 天津：南开大学出版社，2016：149.
③ 海关档案. 总税务司通令：第一辑 [Z]. 1869：25.
④ ［1］交通铁路部交通史编纂委员会. 交通史航政编：第 4 册 [M]. 上海：上海民智书局，1931：3. ［2］王轼刚. 长江航道史 [M]. 北京：人民交通出版社，1993：224.
⑤ 岑学吕. 三水梁燕孙先生年谱：上册 [M]. 台北：文星书店出版社，1962.
⑥ 杨涛，李金全. 民初交通部研究 [M]. 西安：陕西科学技术出版社，2015：36.

对航运的大量需求多出现在沿海开埠城市，水路运输压力巨大，河流运载能力渐衰，严重影响了商埠的经贸，因此航道工程疏浚主要在沿海。疏浚本属于政府内政，是以政府为主体提供的公共产品，但治水事权（以长江口为主）旁落外国人之手①，政权内忧外患，资金缺乏，导致政府根本无力提供航道疏浚这类公共服务，晚清政府也并未有与航道疏浚相关的人才、技术以及管理能力。在各国领事以及商会的推动下，疏浚行业出现了"官督洋办"的新型管理模式。这种管理模式始于海河工程局。②这种制度最初采取的是委员会制度，委员会成员除政府成员外，还包括商会、外国领事团以及海关税务司等机构代表；其后采取了董事会制度。董事会成员主要由外商等组成，是一种委托代理式的公益法人单位。③除海河工程局外，1905 年成立的浚浦工程总局是晚清时期现代疏浚机构的另一个代表。海河工程局和浚浦工程总局的出现代表着现代水运建设组织的萌芽。

（二）疏浚设备挖泥船的制造与购置以及河道、水文测量技术的引进

早在现代疏浚机构成立之前，天津机器局就已经开始自行建造机械式挖泥船——"直隶"号挖河船，并从国外陆续订购几艘链斗挖泥船。采用现代设备进行疏浚作业是十分必要的。正如 1888 年直隶总督在关于购买挖泥船的奏折中提及："直隶河道，泥沙至多，频患淤浅，盛涨容纳不下，泛滥为灾，必须随时择要疏浚。惟水中捞挖，人力难施，非西国新式挖泥船不克奏效。"④"光绪三十四年正月两江总督端方奏以运河清江浦以上接山东省其间淤浅之处甚多，非两省合筹不足以资通畅，与署山东巡抚吴廷斌往返电商拟各派委熟悉河务大员会商勘办……自漕船停运后，多年未能疏浚……应设法疏通……另购挖河机器船两艘，往来捞挖庶可畅通。"⑤1897 年海河工程局成立之后，随着海河航

---

① 1840 年后，英国人以水道疏浚治理为由，最早在上海设置了河道管理局。
② 海河工程局成立于 1897 年，是我国历史上成立的第一家现代疏浚机构，是中国现代疏浚的摇篮。
③ 龙登高，常旭，熊金武，等. 国之润，自疏浚始：天津航道局 120 年发展史［M］. 北京：清华大学出版社，2017：2.
④ 龙登高，常旭，熊金武，等. 国之润，自疏浚始：天津航道局 120 年发展史［M］. 北京：清华大学出版社，2017：11.
⑤ 交通铁路部交通史编纂委员会. 交通史航政编：第 4 册［M］. 上海：上海民智书局，1931.

道治理的需要，工程局着手配置疏浚设备，如"北河"号、"新河"号、"燕云"号、"中华"号等。1905年浚浦工程总局成立后，更是购买了船舶，组建了疏浚船队。

尽管晚清水运建设开始走向机械化疏浚，但航道治理、航政管理等事项全都纳入了海关条款，使"港隶属于关"①，而西方国家又把持着中国海关，因此与航道管辖权相关的近代航道治理和港口疏浚与海关密不可分。航道管理的经费大部分来源于海关所征收的船钞②、关税附加税（"由关税家捐，归税务司经办"③）以及以河捐和船税为担保发行的公债④。因此，中国水运建设从传统走向现代的过程是一种明显的"冲击–反应"模式，是对设备、技术、管理制度的整体移植。海河工程局和浚浦工程总局基本为洋人主导，由洋总工程师负责具体疏浚、建设事务。⑤

二、民国港航水运体系⑥

晚清时期港口被迫开埠，外商船舶频繁进出中国沿海港口以及大型河流腹地，港口航道管理有了相应的变化。船舶大型化对航道浚深有了更多的要求，在客观上促进了以传统人力为主的疏浚走向现代机械疏浚。尽管海河工程局和浚浦工程总局的成立意味着水运建设开始从传统的水利机构中独立出来，但是民国时期的水运建设并不乐观。民国前期，水运建设单位混乱，港口治水主权依旧旁落；民国后期，水运建设体系多头领导，缺乏系统化，港航疏浚成效甚微。

---

① 华民. 中国海关的历史与制度［M］. 上海：神州国光出版社，1933.
② 我国船钞征收始于明代，作为财政收入上缴国库。1855年，上海江海关应航商之请比照国外利用船钞修建助航标志的办法用船钞在扬子江口设立了灯塔，此后，各沿海口岸开始用所征收的船钞改善港口和航道建设。
③ 吴琼. 民国辽河工程局研究（1914—1934）［M］. 北京：国家图书馆出版社，2009. 转引自：锦新营口道请派员查勘辽河由［A］. 奉天省长公署档案：JC10-4048.
④ 周星笳. 天津航道局史［M］. 北京：人民交通出版社，2000：10.
⑤ 海河工程局最初的管理委员会包括天津海关道台、两位中国官员、天津海关税务司、航运界和驳船公司代表、租界代表以及洋商总会代表等。不过这个委员会并不常开会议，公务由林德会同首席领事、海关税务司以及海关道台处理，洋人力量占上风。浚浦工程总局最初的14人员工中，中国代表只有两人。
⑥ 缪德刚，龙登高. 中国现代疏浚业的开拓与事功——基于海河工程局档案的考察（1897—1949）［J］. 河北学刊，2017，37（2）：133-140.

（一）航道疏浚

民国前期，国家的治水事业分属于交通部、内务部之土木司和农商部之农林司所管辖。民国初年，地方各省收回利权之时曾将海关所管辖的理船厅收回，如湖北、福建省都设有交通司，交通司与税务司交涉将理船厅所管辖的事宜交由交通司。1912年，民国政府设立交通部。交通部第一次颁布《交通部各厅司分科暂行章程》[①]，明确交通部下设机关为一厅四司，即承政厅、路政司、邮政司、电政司以及航政司。其中航政司下设总务、营业、航务和港务四科，港务科负责港口规划、检查船舶、航标设置以及疏浚港口等。但税务处以清末以来理船厅移交多有窒碍，中英《续议通商行船条约》又有"所有整顿广东、珠江阻碍行船之件暨宜昌重庆一带水路工程皆归海关办理"的规定，事关外交事宜理应从长计议，而拒绝了交通部之要求。[②]此后，交通部作出让步，提出将理船厅部分划归交通部直辖，但洋人员工一切照旧，所有理船厅巡工司事宜也都由海关掌管，后来政府虽然有数次收回海关理船厅与兼理航道管辖权之议，但终究是口头协议而已。全国水利局设立于1914年，但职权分属内务、农商两部，管理仍旧混乱，加上河口河道治理实权外落，水利局并没有统领全国水利的实权。这个时期的水利主要侧重大江大河的测量以及江河修防和水道整治。此后，北洋政府先后设立了顺直水利委员会、督办运河工程总局、太湖水利工程局、扬子江水道讨论委员会（后更名为扬子江水利委员会）等水利机构，既从事水利工程建设（防洪治洪），也进行疏浚建设（如设立疏浚事务所或者疏浚股[③]）。但是这些机构要么隶属国务院，要么由相关机构合组而成，都不属于全国水利委员会，从而形成了多种机构协商办理、权责混淆的局面。

1928年，南京国民政府成立之后，交通部随之成立。在划定航政范围的时候，交通部部长王伯群提出确定航政的方针，但是"海关代

管航政各部分"的决议再次为海关继续兼理航道与航政事务提供了依据，交通部并无实权。直到1931年，交通部才在上海、汉口等地设立航政局，接管了理船厅及其兼理的包括航路疏浚在内的部分航政事务。至此，清末以来在与海关不断交涉的过程中，交通部仅仅获得了部分航务管理的权力①，航路疏浚开始属交通部管理（但治理黄浦又属于外交部②）。从组织结构来看，丧失自主权和独立性制约了水运建设的发展。其他地方治水机构，如海河委员会、华北水利委员会以及扬子江水道委员会又分别隶属于行政院、内务部以及交通部；海河工程局掌握海河下游，隶属水利建设体系；浚浦工程总局负责扬子江下游的航道疏浚，隶属财政体系；由于"授权外人，俨若敌国，政府不能问"③，营口辽河工程局负责辽河上游和下游④的疏浚工程，隶属于全国水利局，具体事务由英国工程师秀斯负责；珠江水利工程总局⑤负责珠江口、黄埔等地疏浚。此外，海关负责长江航道的疏浚，江汉关负责长江中下游航道维护。⑥为了继续管理运河事务，1914年，江北运河工程局成立；1919年，张謇督办江苏运河工程事宜，并改名为"督办江苏运河工程总局"。从工程局拟定章程来看，工程局主要有统筹苏运分治计划、勘测行水路线以及实施工程计划三项事宜，工程局下属工程科掌管相应的河道工程事务以及购置管理工程器具等。⑦尽

---

① 长江航道航标管理权力仍旧属于海关。
② 全国经济委员会. 统一全国水利行政事业纪要［M］. 台北：文海出版社，1988：5.
③ 佚名. 统一水利行政——治水问题［N］. 中央日报，1932-06-26.
④ 辽河工程局上下游以鸭岛为界，上游称疏浚辽河上游工程局，下游称辽河海口工程局。参见：吴琼. 民国辽河工程局研究（1914—1934）［M］. 北京：国家图书馆出版社，2009：112.
⑤ 国民政府设有珠江水利工程总局，主管农田水利，兼管海河航道。珠江水利工程总局曾疏浚水道，代替三枝香水道，于1947年1月16日通航。遗留下来的疏浚设备有挖泥船4艘：（1）"汉口"号，舱容800立方米，500立方米/时自航耙吸和绞吸两用船（荷兰制造）；（2）"新广东"号，400立方米/时绞吸挖泥船（日本制造）；（3）"浚穗"号，80立方米/时链斗挖泥船；（4）"新广州"号，80立方米/时链斗挖泥船。另外有3艘挖泥船：（1）"金刚"号，400立方米/时电动绞吸挖泥船（日本制造），是国民党溃逃时从青岛拖到广东被截留下来的；（2）筑抓一号，斗容1立方米抓斗挖泥船；（3）筑抓二号，斗容1立方米抓斗挖泥船。后两艘船属筑港公司广州筑港工程队管。此外，还有3艘挖泥船——"澳门"号、"昌江"号（均为链斗式）以及"马驳"号（铲斗式）——在日本投降时被凿沉在海南岛的八所港和榆林港。
⑥ 王轼刚. 长江航道史［M］. 北京：人民交通出版社，1993.
⑦ 交通部交通史编纂委员会，铁道部交通史编纂委员会. 近代交通史全编：第5册［M］. 北京：国家图书馆出版社，2009：248.

管在民国十一年（1922 年），运河工程局曾进行过改组规划，但是也并没有明确涉及疏浚河道相关事宜；从其施工工程项目来看，是涉及人工和机器两类疏浚项目的，不过机器"工价高昂，必人力所不能及乃用之"①。

总之，整个国家防洪修堤、开沟灌溉的水利建设和河流疏浚、水道测量的水运建设机构杂糅且庞大。

（二）港口建设

民国时期的官方港口建设主要依据孙中山先生《实业计划》中港口建设和港口经济的规划和设想而展开，主要是北方大港、东方大港、南方大港三个区域。1926 年，广东国民政府成立了黄埔开港计划委员会，并组建了黄埔商埠股份有限公司负责具体实施南方大港的建设事宜。《黄埔港计划》制订完成于 1935 年。1936 年，南京国民政府成立黄埔开埠督办办公署，并组织国内外专家在《黄埔港计划》的基础上拟订了《黄埔开埠计划书》，但计划随着日本侵华战争的爆发而搁浅。1927 年，国民政府建设委员会设立了东方大港筹备处，并在各类测量工作完成后编订了东方大港的初步计划书。1931 年后，铁道部和交通部接管了东方大港筹备处，并组建了筹备委员会，但是东方大港的建设实施并未取得实质性的进展。1929 年，国民政府华北委员会组建了北方大港筹备处，并编写了《北方大港之现状及初步计划》，计划书对港口选址、交通设施配套、建港预算等进行了详细的分析、估算和论述，但最终因为国民政府财力难以支持港口建设而束之高阁。除三大重要港口之外，《实业计划》中的二级、三级港口等建设由于财力不支、政治动乱等因素进展极其缓慢，有些甚至并未提上建设议程。

当时，各大港口主权一直旁落或者多次易主，港口规划建设要么完全由外国修筑团队实施，要么仅仅有建设计划，资金、人员缺乏协调，计划宛如空中楼阁。1945 年以前，中国港口建设专业队伍基本由以荷

---

① 交通部交通史编纂委员会，铁道部交通史编纂委员会. 近代交通史全编：第 5 册 [M]. 北京：国家图书馆出版社，2009：278.

兰治港公司①代表的外国筑港企业构成，中国人没有自己的海港工程施工、设计、勘察队伍，也没有自行设计、施工的深水码头。②

1945年抗战胜利后，在国民党政府全国经济委员会第三十三次会议中，交通部规定"关于商港之经营由交通部依照水运之需要，将沿海及内河之重要与次要商港分别拟定明令公布，其重要商港遵照商港条例之规定，由交通部建筑管理及经营"③。此后，国民政府交通部据此先后建立了塘沽新港工程局——最早由中国人所有和管理的海港工程专业队伍、青岛港工程局、葫芦岛港工程局以及广州港工程局④等作为建港的核心力量。但是筑港力量与水利机构之间就港口管理权等掀起了斗争，以广州港工程局与珠江水利局为甚。时任广东省政府主席宋子文曾致电蒋介石："黄埔开港关系经济发展，刻不容缓。现交通部、水利部均各持系统，事权不一……依照葫芦岛、连云港及塘沽新港办法，所有

---

① 例如荷兰治港公司在1918年已经进入中国。1930年，由东北交通委员会与荷兰治港公司订立合同，以5年半为期承接了葫芦岛港口建设，7月3日行开工礼。在此以连云港为例，1932年，陇海铁路新浦至老窑段开工兴建；11月14日，陇海铁路局报经铁道部批准，将终端海港定名为连云港。1933年7月1日，海港工程在老窑正式开工，由荷兰治港公司总承包。中国政府铁道部和陇海、平汉、津浦3个铁路局共同集资300万元作为工程承包款。该工程名为一号码头。11月21日，陇海铁路局投资5万元兴建的连云港孙家山临时码头建成。当天，中国招商局"同华"号船首次进港装货1 176吨，开国内水陆联运先河。1936年1月15日，连云港一号码头全部竣工，有3 000吨级泊位3个。1937年9月13日，日军飞机配合军舰，多次轰炸、炮击连云港。1938年1月，港口"东川"号、"开泰"号、陇海一号3艘拖船机件拆除，交荷兰治港公司代为保管。陇海铁路局配合国民政府自4月29日至5月5日，对码头进行多次全面爆炸破坏，并沉船12艘封堵港口。1939年2月，连云港地区全部沦陷，日军为加速掠夺中国战略资源，制订《连云港应急修复方案》，以年90万吨煤炭输出目标，加紧修复码头设施。1945年11月12日，国民政府交通部平津至徐州分区派员接收连云港湾局，易名为陇海铁路局连云港务处。1948年4月12日，陇海铁路局改连云港务处为连云港管理处。1948年11月9日，中国人民解放军滨海军分区解放了连云港地区，港口由新海连特区军管会接管。参见：佚名. 荷兰治港公司被敌炸毁 [J]. 新世界，1938，11（8）：63.

② 谭真、刘峻峰、石衡等水运建设技术人才当时或者从事私人事务所，或者参与荷兰治港公司工作，没有一支独立的组织和力量。部分一线工人参与了筑港建设，海河工程局、浚浦工程总局也形成了一大批"老河工"。例如刘峻峰等筑港工程和航道治理专家、现代筑港和航道治理的开拓者之一，事实上参与了一些驻港工程建设，但是没有自行设计。

③ 吴家诗. 黄埔港史（古、近代部分）[M]. 北京：人民交通出版社，1989：278-279. 转引自：广州港工程局与珠江水利总局工作划分原则 [A]. 广东省档案馆档案材料.

④ 1947年9月20日，交通部广州港务工程局成立，首任局长是陶述曾，有职员80多人，标志黄埔建港工作的开始。"倘无变故及不受财力限制，筑港工程明年兴工，两年内即可完成，将来一万吨大船可直航黄埔，五千吨船直航广州。"1947年2月15日，青岛港工程局成立。1948年，南京港工程局成立。1949年，福州港工程局成立，拟订疏浚闽江及修建马尾新港计划。

辟港工作均由交通部负责统筹办理。"①水运建设机构开始有序成立，与水利建设区分开，沿海各商港主权也陆续收回；但是民国后期战乱频繁，使得港口建设和疏浚工作并没有有序进行。从整体来看，1949年前中国水运建设力量分散，建设体制混乱。

第三节　中华人民共和国成立初期水运建设体系的雏形②

组织结构沿革和队伍建设是中国水运建设力量发展和体制变迁的体现，体现了中国水运建设组织发展与国家政策的同步性。1949年，中国共产党接管了之前的国家资本、官僚资本，将1949年以前中国水运建设力量保存并纳入中华人民共和国建设之中。主权独立，港口航道建设的恢复与发展可以纳入国家的统一规划，不过具体采取何种制度模式与当时所面临的困顿和历史制度路径依赖紧密相联。

在这个时期，国家已经有一定的整合全国资源的能力，能够将全国疏浚、筑港等队伍集合起来，围绕军事工程和重点工程施工，打破水运建设队伍的地域限制和行政部门限制，参与国家发展和国防安全等重要工程建设。塘沽建港委员会、南京浦口码头抢修工程委员会、南京港整治工程局等都代表了多部门围绕重要工程按照行政体系整合，集中力量办大事。1950年，全国重点项目浦口码头抢修工程是中华人民共和国的水运建设队伍第一次全国流动。根据1950年1月政务院财政经济委员会决定，由交通部主持，并由交通部、铁道部、水利部、华东财政经济委员会、南京市人民政府联合组成浦口码头抢修工程委员会，从19个单位调集工作人员及工程师700余人，高峰时动员近万名劳动力参加施工，形成了航道、港口工程和装备的企业体系雏形。

① 吴家诗. 黄埔港史：古、近代部分 [M]. 北京：人民交通出版社，1989：279. 转引自：国民政府交通部长俞大维1948年1月10日给广州港工程局的《命令》[A]. 广东省档案馆档案.
② 熊金武，杨济菡. 中国水运建设企业发展历程（1949—2017）[J]. 企业史评论，2020（1）：203-218.

一、水运建设体制选择

水运基础设施建设作为中华人民共和国工业化的部分，制度选择必然遵循中华人民共和国工业化的逻辑。而中华人民共和国的工业化逻辑源于后发国家所面临的复杂的国际环境以及本国历史的和现有的制度实践。不同于西方国家的工业化，后发国家尤其是中国的工业化进程首先面临着国家主权独立的现实问题。因此，中华人民共和国成立后，我国水运建设组织结构的发展融入了国家工业化发展逻辑。在新生政权建立的过程中，内部需要在短时间内进行组织结构的重构，外部需要应对战争或者国际社会的孤立。中国共产党面临着制度选择。国家经济发展最突出的问题是如何突破"贫困陷阱"，为国家安全提供保障。在新生政权中，强大的政党集权力量和统一的政府形态是集中资源和政策优先发展重工业的发展逻辑。[①]

苏联在工业化过程中的高速发展为中国提供了一个参照的范本，因此，在新政权建立的过程中，为了实现经济恢复和发展，指令性计划经济体制的"集中力量办大事"的属性促使中国选择了苏联社会主义的现代化发展模式也是题中之义。"冲击"模式给中国工业化进程带来了先进的水运建设技术，但在晚清到民国时期，从将工业技术转化为实在的水运建设能力的实践中可以看到，水运主权的丧失使得政府交通部门处于被架空状态，更谈不上统筹规划建设。中国水运建设在中华人民共和国成立前基本上没有实现工业化。尽管天津、上海等存在现代化的疏浚机构，但这些机构的水运技术并没有内化为能力。"冲击"带来的"反应"在水运建设领域类似空中楼阁，不仅缺少技能人才，也缺乏专业设备。总体来讲，沿海较大港口的航道均为天然深水航道，未经疏浚开发，内河浅水航道多用人工挖砂艇等传统工艺进行疏浚。然而，水运建设周期相对长，收效相对慢，本国技术水平不高，机器设备需要进口，一次性投入大。中国作为一个贫穷落后的农业国家，生产剩余少，可供出口的产品非常少，出口少又导致赚得

---

① 武力. 工业化视角下的中国道路与中国梦 [J]. 前线，2014（9）：43-45.

的外汇非常少，资金分散。因此，中国很难完成建设周期很长、需要依靠大量进口技术设备、一次性投资规模很大的工程项目。当时国家要想快速发展重要的水运工程，只有在短时间内集中资源和人力才具有可行性。在这种背景下，以政府主导的计划经济体制便成为制度选择。这种体制为了保证剩余真正掌握在国家手中，就必须确保企业都是国有的，且国有企业厂长和经理的自主权基本上被完全剥夺，保证最大动员资源以及最大化攫取剩余，以投资于政府要优先发展的资本密集型的重工业。

从整体上来说，计划经济体制是1949—1978年中国水运建设发展的制度环境。在国民经济恢复时期，行政性调动全国资源以应对战争和建设的体系已经出现，高度集中的计划经济体制雏形已经确立，最终在"一五"时期形成。在工业化建设的资本积累初期，计划经济体制能够把社会的资金、物资和技术力量集中起来，用于有关国计民生的重点项目，比较迅速地形成新的生产力。这种举国体制适应了"一五"时期集中主要力量快速推进工业化、以重工业为主的重点建设的需要——"能做到全国一盘棋，集中力量，保证重点"[①]。工业发展，交通先行。在中央集中力量优先发展重工业的指导思想下，水运建设事业在计划经济时期得到相对于轻工业和农业更快速的恢复与发展。这是基于历史和现实的制度尝试，是工业化背景下的一种新的举国体制。

二、水运建设企业的接管与发展

中华人民共和国成立初期，长江航道管理分两部分：一部分由海关管辖；另一部分由华东、中南和西南三大行政区分管。1950年，中央人民政府政务院发布《关于关税政策和海关工作的决定》，将海港河道、灯塔、浮标等职责，以及工作人员、物资、器材等全部移交中央人民政府交通部或者各省市的港务局，海关管辖内河江海航道的体制结束。交通部对原海关总署下的江务部门进行了改组，长江航道管理机构的统筹

---

①　邓小平. 前十年为后十年做好准备［M］//邓小平. 邓小平文选：第3卷. 北京：人民出版社，1993：17.

规划基本完成。

各地的航道工程局则由中国共产党接管城市的军事管理制度接管。接管根据"原封原样，原封不动"的原则①和保持"原职、原薪、原制度"的指示，"所有在官僚资本企业中供职的人员，在人民政府接管以前，均须照旧供职，并负责保护资材、机器、图表、账册、档案等，听候清点和接管"②，各地军事管制委员会接管了海河工程局、浚浦工程总局和塘沽新港工程局等重要水运建设企业，并在爱国技术人员、工程师的协助下保住了挖泥船"浚利"号、"建设"号等重要疏浚设备以及技术资料。从海河工程局的接管来看，当时的接管清单罗列非常详尽③，这实际上是对机构再出发前的一次大盘点。这些人员队伍和相应的设备成为中华人民共和国水运事业发展的基础。

1949年11月19日至12月28日，交通部召开的首届全国航务、公路会议号召疏浚港湾和内河航道各方面相互学习，克服困难，通力合作，恢复航运，支持解放战争。随后交通部设立航道工程总局，各地区相继成立航道工程管理机构。1949—1952年，水运建设恢复时期主要完成了浦口码头抢修工程和塘沽新港等重点港口工程。1951年3月，交通部举办全国第二届航务工作会议，确定1951年航道、港湾建设的重点是长江，沿海港湾只作必要的维持修整，为以后正规建设作准备。在这个过程中，中国水运建设企业体系逐渐形成，主要由两部分构成：一是对1949年前水运建设机构的改造；二是围绕重大工程新组建水运建设单位。

从组织体系来看，施工类企业除了改组的海河工程处、塘沽新港工程局、广州区航道工程局、上海港务局疏浚机构之外，还围绕重点工程新组建了塘沽新港工程局、南京港整治工程局等，新组建了航道工程总局勘察设计大队和川江测量委员会代表的勘察设计队伍。为了对长江支流河段进行不同程度的整治，各个省市主管航道的机构也应势而生。其

① 薄一波. 若干重大决策与事件的回顾：上卷［M］. 北京：中央党校出版社，1991：5.
② 毛泽东. 毛泽东选集：第4卷［M］. 北京：人民出版社，1991：1458.
③ 龙登高，常旭，熊金武，等. 国之润，自疏浚始：天津航道局120年发展史［M］. 北京：清华大学出版社，2017：85.

中，以四川省最早，在1950年成立了西南内河局主管航道的河道科，其他省市在"一五"期间也陆续成立了航道管理机构，迎接全面航道建设。这不仅改善了原有的运输条件，而且增加了机动船航道的运行里程，促进长江支流航道开始向轮船航道转化。不过，当时的规划工作主要服从行政配置，港机业务还没有专业化组织。

从管理机构来看，水运建设力量比较分散，缺乏统一体系。长江上中下游的江务统一由长江区航务管理局领导，并在江汉江务科基础上成立了长江航道管理的机构——江务处，受交通部、航务总局海务处和长江区航务局多重领导。专业的港航施工企业中除了塘沽新港工程局、海河工程处以外，其他机关基本上由各大行政区管理，而且不一定都是交通系统。例如，海河工程处一度归水利部领导，浚浦工程总局划归上海区航务局或港务局领导。塘沽新港工程局、南京港整治工程局和广州区航道工程局在中华人民共和国成立初期都是主要的地方性筑港工程队伍。

第四节　水运建设体系的形成[①]

一、水运建设体系初步建立

1953年进入第一个五年计划后，中央政府有计划地发展大规模建设，构建计划经济体制。于是，重要的国营工业企业陆续收归中央各工业部（局）直接管理，工业行业建立起了"条条管理"的计划经济体制。这就形成了"局—公司—厂"三级管理体制[②]，在局以下设专业公司。在这一时期，港口建设和疏浚任务增加，因此有必要整合国内有限的水运建设力量，形成全国统一的疏浚、筑港和勘察设计组织体系。1953年1月，交通部决定将交通部航道工程总局改为航务工程总局，下设筑港工程公司、设计公司、疏浚公司、打捞公司4家公司，

---

① 熊金武，陈碧舟，龙登高. 中国疏浚的变迁与发展（1949—2000年）[J]. 金融博览，2022（5）：24-26.
② 林超超. 20世纪60年代中国工业托拉斯的兴起及其体制困境 [J]. 中国经济史研究，2015（1）：130-139.

统一全国水运建设力量。筑港工程公司和设计公司被改为筑港工程局和设计局，服从计划经济体制调配，构成了一种举国体制。政府学习苏联模式，强调发展重工业，对经济发展实行集中的政府计划和控制，这在水运建设中也有具体体现。[①]在这种举国体制下，水运建设不再围绕重点工程组建建设队伍，而是逐步且有序地形成比较稳定的水运建设企业组织。

（一）疏浚

1953年1月，疏浚公司成立，下设天津区疏浚队、上海区疏浚队、天津区新河船舶修理厂和张家浜船舶修理厂。[②]疏浚公司以疏浚、吹填及破冰工程为主，辅以其他水利疏浚工程，同时保证军事任务。1954年，疏浚公司成立广州区疏浚队。在长江航道管理部分，政府先后成立了南京、汉口、重庆、泸州4个航道工程区以及十多个航标段负责航标改革和航道管理，形成了统一垂直的体系。

（二）筑港

在交通部的要求下，以原塘沽新港工程局、广州区航道工程局、长江区航道工程局、青岛第一工程大队、海河工程处之天津修船厂为基础组成筑港工程公司，统管全国航务工程建设，即专业河海港湾航道（除疏浚、打捞）之新建、改建较大基建工程和部分国防水工工程的施工。1955年，航务工程任务发展遵循精简原则，航务工程总局所属部分单位有所调整：为湛江商港建设组成了航务工程总局第一工程局；撤销筑港工程局，该局所属的长江区工程处与新港工程队部分职工合并成立第二工程局，以专职负责裕溪口煤港以及长江沿岸筑港工程；剩下一部分新港工程队职工与旅大工程队职工合并在天津组建交通部航务工程总局渤海工程处等。

（三）勘测设计

1952年12月，交通部决定以勘察设计大队为基础，组建航务工程

---

① 王国斌. 转变的中国：历史变迁与欧洲经验的局限［M］. 南京：江苏人民出版社，1998：72.
② 除了疏浚公司外，全国的主要疏浚力量还包括长江航道局、黑龙江省航道局和地方政府疏浚力量等。

总局设计公司。[①]该公司于1953年2月5日成立，承担河海港埠建筑和航道的勘测设计工作。同年8月14日，根据中共中央财政经济部通知的规定，设计部门应是事业单位性质，不能进行企业化经营，改称交通部航务工程总局设计局。设计公司（设计局）成立初期有一个设计室和一个勘察室。1954年7月，在原交通部航务工程总局设计局、内河规划委员会和河运总局设计科的基础上改组成立了交通部水运设计院，下设规划分院、港工分院、船舶分院和勘察总队。

航务工程总局下属的四大公司积累的管理经验、锻炼的职工队伍、培养的技术人才、总结的施工方法，为水运建设事业的发展发挥了重要作用。其作用主要体现在以下方面：

第一，积极以人力、物力、财力等资源支援各地区水运建设事业的发展。

第二，在加强内部技术管理的同时，参与行业标准的建设与修订，以制度性的方式引领中华人民共和国水运建设事业发展壮大。

第三，在技术设备引进受阻、技术人员相对缺乏的情况下，通过自办学校等独自培养专业化疏浚、航运、筑港等人才的方式，为中华人民共和国水运建设行业的壮大储备了良好的人力资本。

因此，疏浚公司、水运设计院和筑港工程局被称作中华人民共和国水运建设行业的"摇篮"，各地区水运建设队伍走出了狭窄的区域，按照国家统一布置，走向全国。

二、水运建设体系成形

1957年，国务院发布了《关于改进工业管理体制的规定》《关于改进商业管理体制的规定》《关于改进财政管理体制的规定》，试图纠正苏联模式权力过分集中暴露出的弊端，尝试把工业的一部分管理权力下放地方。政府调整现有企业的隶属关系，把由中央各部直接管理的一部分企业下放给地方管理，形成以地区综合平衡为基础的专业部门和地区相结合的计划管理制度。1958年6月2日，中共中

---

① 设计公司的主要设计人员来自塘沽新港工程局，同时抽调了一部分上海浚浦工程总局、上海港务局、天津海河工程处等单位的技术人员。

央发出《中共中央关于企业、事业单位和技术力量下放的规定》，据此解散了疏浚公司、水运设计院，并把水运建设企业下放地方，在华北、华东、华南和长江沿线形成了地区性疏浚、筑港、勘察、设计单位。在"大跃进"期间，水运建设企业的性质、名称、隶属关系不断变化。1960年，根据"调整、充实、巩固、提高"的"八字方针"，各水运建设单位逐渐收归交通部，构建了全国统一的水运建设企业体系，包括三大航道局（天津航道局、上海航道局、广州航道局）、四大航务工程局（第一航务工程局、第二航务工程局、第三航务工程局、第四航务工程局）、水运规划勘察设计单位（水运规划设计院和四大航务工程局下属设计院）和上海港机厂。①下放给长江航运管理局（简称长航局）重庆分局的川江航道处和长航局上海分局航道区收回，由长航局集中统一领导。为了使川江航道的航道维护和航道疏浚整治业务分开，恢复了重庆航道区，并新组建了川江航道整治机构。②为了重新进行专业化航道管理，1965年成立长江航道局，局、区、段三级管理体制得以恢复。长江航道管理体系基本形成，基本沿用至今。

至此，中国水运企业体系形成了较为稳定的格局，水运工程建设力量也形成一个完整的体系，建立起了一支相当规模的队伍。经过约30年的曲折发展，到改革开放前，中国在天津、上海、武汉、广州成立了4个地区性的航务工程局，下设勘察设计单位，负责华北和东北、华东、长江、华南四大片的港口航道工程的规划、设计、施工工作；同时，成立了天津、上海、长江、广州航道局，分别负责华北和东北、华东、长江、华南4个地区的航道业务。从规划、设计、科研、施工到设备与器材的制造，中国都能依靠自己的力量来完成。另外，水运规划设计院负责规划设计业务没有被计算在内。这支水运建设队伍能够同时在十几个大港口进行建设工程。这些组织除了长江航道局成为交通部下属的行政机构，其余的在20世纪80年代由事业单位改为企业，在后续国

---

① 这些水运建设企业是计划经济时期形成的中国水运建设企业的主力军，并在2005年中交集团成立后成为中交集团二级子公司，属于中交水运建设企业体系的一部分。

② 王轼刚. 长江航道史［M］. 北京：人民交通出版社，1993：426.

有企业改革的过程中成为中国交通建设集团有限公司（以下简称中交集团）的全资子公司。从计划经济体制到社会主义市场经济体制的变化，不是对政府干预的否认，相反是一种政府和市场的融合，是后发国家在工业化过程中的制度尝试。在资源稀缺之时，需要集中力量解决主要问题；在得到一定发展之后，需要逐渐放开引入竞争和活力。

第二章 中国水运建设企业的发展历程

中国水运建设历史悠久。1949 年前，除少数港口外①，水运建设总体上非常落后，沿海较大港口的航道均为天然深水航道，内河浅水航道多用人工挖砂艇等传统工艺进行疏浚，航道长期处于自然状态，基本没有实现机械化作业。1949 年后，中国水运建设企业获得新生，构建了交通部领导下的水运建设体系，开展了塘沽新港、湛江商港和"三年大建港"等重大工程建设。本章回顾了近代百年来中国水运建设企业发展历程，并将中交天津航道局作为该行业的代表性企业，进行微观案例研究，梳理中国水运建设企业的发展经验和战略选择。回首百年，可谓沧海桑田，中国水运建设事业见证和支撑了中国百年奋斗的历程。中国水运建设企业只有坚持不断改革进取，通过国际化、市场化和现代企业治理结构，才可能实现企业跨越式发展，从而为国家发展贡献力量。

---

① 海河工程局、浚浦工程总局自成立伊始便已达到国际先进水平。上海港、大连港、天津港、广州港、汉口港、青岛港等地港口建设也可圈可点。20世纪 30 年代中国的第二大港口大连港，在 1934 年时的吞吐量就超过 1 000 万吨。参见：刘连岗，张欣. 关于大连港口历史及发展的几个问题 [J]. 世界海运，2010，33（12）：62-65.

中国现代水运建设企业肇始于清末。1897年成立的海河工程局以及1905年成立的浚浦工程总局是中国现代水运疏浚企业的起点，始终为国家独立和发展助力。改制后的海河工程局、浚浦工程总局成为中国交通建设股份有限公司的子公司。中国交通建设股份有限公司是全球领先的特大型基础设施综合服务商，为客户提供投资融资、咨询规划、设计建造、运营管理一揽子解决方案和一体化服务，2022年居《财富》世界500强第60位。如今，中国水运建设队伍不仅成为中华民族伟大复兴的脊梁之一，更成为世界水运建设的领军者，开创人类水运建设文明的新纪元。从海河工程局到中交集团的发展历史，不仅是中国水运建设事业的缩影，也根植于后发国家在工业化过程中基于初始政治经济条件下的工业政策，以及如何利用后发优势引进、学习、消化和创新的实用主义发展逻辑之中。

第一节　我国现代水运建设企业的发轫之始

自1842年《南京条约》和1860年《北京条约》等签订后，上海和天津相继成为重要的通商口岸，进出海轮数量逐年剧增，贸易迅速增长。位于黄浦江和海河的上海港和天津港，随着黄浦江和海河泥沙淤积严重，吃水较深的轮船难以进入①，严重影响了各国的轮船航运和进出口贸易往来。在这样的形势之下，海河工程局与浚浦工程总局先后成立。

一、海河工程局的成立

近代天津开埠后，外国洋行、轮船公司逐渐设立，商贸急剧增长，河道淤积给运输货物带来了极大的不便，也间接影响了外商在华利益。光绪二十三年（1897年），直隶总督王文韶鉴于海河情形之紧迫，于是与外国人协同筹议救济计划，由海关道税务司、各国领事以及洋商总会等代表共筹进行，是为海河工程局发轫之始，也是外国人在津治河的最

---

① 1896年，往来轮船均不能入口，只能停泊塘沽一点，需要驳船航驶。参见：华北水利委员会. 海河工程局略说［J］. 中国建设，1930，1（4）：73-91.

初实施，但其成立并未有任何条约关系。此时，海河工程局被设定为中外合办性质，采取委员会制度。

1900年，因战争，整理海河计划停顿。1901年，海河工程局才在外国人治理权之下正式成立。是年《辛丑条约》签订，改善海河遂列为条约内容之一，"北河改善河道，在一千八百九十八年，会同中国国家所兴各工，近由诸国派员重修，一俟治理天津事务交还之后，即可由中国国家派员与诸国所派之员会办。中国国家应付海关银每年六万两，以养其工"①。此后，海河工程局受到该条约之束缚，治理海河之权几乎全落入外国人之手，委员会也进行了改组。天津海关道台一人②、领事团委员一人、津海关税务司一人，三委员组成董事会，董事会主席由外交团指定领事团派委员担任。租界领事代表、天津洋商总会主席、轮船公司代表合组海河委员会；此三人仅属咨询委员性质（后来人数有所增加，并设立了参事会③）；1908年以后完全采取董事会制度，该制度一直保持至1945年（见表2-1）。

表2-1　　　　　委员会制度与董事会制度人员构成

委员会制度（1901—1907年）						董事会制度（1908—1945年）				
董事会			咨询委员			董事会组成				
天津海关道台	领事团派委员	津海关税务司	各租界领事代表	洋商总会主席	轮船公司代表	首席领事	津海关税务司	天津海关道台	洋商总会会长	轮船公司代表

注：组成人员名单可详见《国之润，自疏浚始：天津航道局120年发展史》第一、二章相关内容。④

海河工程局的经费种类主要分为以下四项：经常费、公债、征收捐税以及挖泥吹填租界地之工费，其中主要来源是津海关加征附加税及公

---

① 王铁崖. 中外旧约章汇编：第一册 [M]. 北京：生活・读书・新知三联书店，1957：1002-1024.
② 最初为天津临时政府委派委员，1902年临时政府取消后，由津海关道台代替。
③ 无论是咨询会还是参事会，都只有建议监督职能，主要目的是关照各利益群体。
④ 华北水利委员会. 海河工程局略说 [J]. 中国建设，1930，1（4）：73-91.

债。[1]海河工程局建立之后，购入大量挖泥船、破冰船，进而提高疏浚技术水平，自此中国开始了从传统以人力为主的疏浚方式向现代机械疏浚的转型。但从管理权限来看，航道治理、航政管理等事项全都纳入海关条款，因"港隶属于关"，中国海关又由外国人把持，而与航道管辖权相关的近代航道治理和港口疏浚本就与海关密不可分，因此董事会成员多为外国人。航道管理的经费大部分又来源于海关所征收的船钞、关税附加税，以及以河捐和船税为担保发行的公债。

二、浚浦工程总局的成立

1843年开埠后，航道沉积泥沙并未对航行产生影响，航道自然水深尚能满足大多数帆船的吃水需求。开埠后大量外商、轮船公司在上海设立，浚深航道成为其利益需求所在。外商多次要求政府疏浚航道，政府都一拖再拖。

1901年《辛丑条约》签订，条约第十一款规定了疏浚黄浦江航道的问题，航道疏浚权丧失。"设立黄浦河道局，经管整理改善水道各工。所派该局各员，均代中国暨诸国保守在沪所有通商之利益。预估后二十年，该局各工及经管各费，应每年支用海关银四十六万两。此数平分，半由中国国家付给，半由外国各干涉者出资"[2]，并在条约附件十七中规定了黄浦河道局的担负责任、管辖范围、人员组成和资金来源等。[3]从筹办资金来看，条约规定由中国和外国各自每年出资23万两，附件第三十条规定外国部分钱银具体来自租界地产税、黄浦江两岸地产税、船舶吨税以及海关税，而中国"津贴该局之款"应与外国所付各款总数相同。从组织结构来看，黄浦河道局的管理人员来自8个机构，共16人，其中，中方机构仅2个，外方机构有6个。人员构成中，除了上海道台和行船公司中中国船业代表是中国

① 龙登高，龚宁，伊巍. 近代公益机构的融资模式创新——海河工程局的公债发行 [J]. 近代史研究，2018（1）：112-123.
② 王铁崖. 中外旧约章汇编：第一册 [M]. 北京：生活·读书·新知三联书店，1957：1002-1024.
③ 交通部上海航道局一九四九至一九七八年统计资料 [A]. 上海航道局档案：行政永久，计划处，1979：11-18.

人，其余全是外方人员。①

1905年，清政府期望通过"自承其工并认全费"的方式收回黄浦江的管辖权。各方几经磋商，修订了疏浚黄浦江的条款。按照浚浦修订条款，浚浦工程总局是官方督办性质的机构，核心领导包括督办、会办和帮办，其中江海关道和江海关税务司为督办。江海关道自1905年起到1911年取消，共有6任上海道台；直到1949年，税务司均由外籍税务司兼任。不过督办仅有监督管理职责，一切日常工作则由总工程师负责。会办则是海关道和税务司的帮办。②与海河工程局资金来源不同，清政府不同意设立疏浚专项附加税为疏浚筹资，也不同意发行债券开展黄浦江的疏浚工作，而主要是通过政府拨款和国内银行贷款解决。

1912年，中华民国成立。上海洋商商务总会出面，在得到各国驻京公使认可后，以"浚浦工程关系重要"为由，重新草拟了浚浦章程十二条，并在1912年正式制定了《办理浚浦局章程》，"开浚黄浦河道局"正式成立。局务由外籍总工程师负责。浚浦工程总局的资金则从政府拨款逐渐转变为征收专款专用之浚浦税。③此外，出售涨滩收入也作为疏浚业务的经费。④1912年之后，浚浦工程总局进一步购入了疏浚船舶，⑤对黄浦江进行了3次为期10年的浚治工程。

1911年后，除海河、浚浦两局，顺直水利委员会、督办运河工程总局、太湖水利工程局、扬子江水道讨论委员会（后更名为扬子江水利委员会）等水利机构成立，从事水利疏浚（如设立疏浚事务所或者疏浚股①）。营口辽河工程局②、珠江水利工程总局③、松花江航务局④、塘沽新港工程局等也相继设立，承担地区河流小型疏浚业务。1931年后，交通部在多地设立航政局，接管了理船厅及其兼理的部分航政事务。⑤

第二节　计划经济时期水运建设体系成型

1949年以来，人民政府大力推进交通现代化，将中国从落后的农业国变成先进的工业国。作为交通发展的重要基础设施建设，水运必然是工业化建设的重要领域和关键行业。水运基础设施建设有以下特点：一是对资金需求较多，包括实物资本和人力资本；二是建设周期较长；三是国家对水运建设的技术设备有巨大的需求。但从当时的国际政治环境来看，以美国为代表的西方国家对社会主义中国实行禁运和贸易限制政策，工业化所需要的技术、资金难以通过市场形式获得。苏联"集中力量办大事"的指令性计划经济体制成为中国选择的经济体制，构成1949—1978年中国水运事业发展的宏观制度框架。要快速发展水运工程事业，只有在短时间内集中资源和政策优先发展重工业的发展逻辑。基于这样的逻辑，中国现代水运建设体系逐步建立起来。

一、水运建设事业发展特点

第一，具有中国特色的举国体制下的水运建设体系。在计划经济时期，国家掌握着资源的配置，为了更好地推行重工业优先发展战略，需

---

① 交通部交通史编纂委员会，铁道部交通史编纂委员会. 近代交通史全编：第5册［M］. 北京：国家图书馆出版社，2009：463.
② 辽河工程局上下游以鸭岛为界，上游称作疏浚辽河上游工程局，下游称作辽河海口工程局. 参见：吴琼. 民国辽河工程局研究（1914—1934）［M］. 北京：国家图书馆出版社，2009：112.
③ 国民政府设有珠江水利工程总局，主管农田水利，兼管海河航道。珠江水利工程总局曾疏浚水道，代替三枝香水道，于1947年1月16日通航. 参见：唐守伦. 风雨历程——中港第四航务工程局史（1951—2001）［Z］. 北京：中港第四航务工程局，2001.
④ 1946年4月30日，松花江航务局在哈尔滨成立，此后改名为东北航务局，隶属东北行政委员会领导.
⑤ 长江航道航标管理权力仍旧属于海关.

要将人力、物力、财力整合投入到需要的地方。国营企业这种企业制度形式自然而然成为必要的选择。因此，无论是从国民政府手中接收过来的海河工程局、浚浦工程总局、新港工程局等，还是新成立的广州航道局、二航局、三航局、四航局、水运设计院和上海港机厂等，都成为中央或者地方交通部或水利部直接管理的国营企业和事业单位。尽管各水运建设机构多次出现短时间的权力下放，但在整个计划经济时期，国家对水运组织进行有效布局和整合，初步形成全国统一的疏浚、筑港，以及规划、勘察、设计、科研、施工和装备制造单位体系。统一的组织体系和资源调配使国家能够有效进行大规模的水运建设，如塘沽新港、湛江商港、裕溪口煤码头工程的顺利建成，这些都是国家短时期整合全国水运建设人力和设备的结果。

由于经济发展落后，计划经济时期国家可以获取和支配的资本（物质资本、人力资本）十分有限，导致水运建设的发展随国家投入的增多而如火如荼，随国家生产要素投入的"断崖式"下跌而进退两难。如20世纪70年代"三年大建港"时期，从北到南兴建了许多重要港口和航道，但后期国家拨款减少，资金缺乏，大批工程难以为继。水运建设一方面存在资本捉襟见肘的困境，另一方面出现资源难以物尽其用的浪费。这样的矛盾是高度集中的计划经济体制难以避免的。举国体制下的企业治理是典型的国家行为与企业行为相统一模式。中央政府对企业经营的干预形成中国共产党对企业领导的治理结构，其核心是党政关系与企业缺乏经营自主权的结合。

第二，转向苏联模式，改良创新，引进国外先进技术。1949年前，水运技术依托海河工程局和浚浦工程总局对西方技术、装备、人员的全盘移植积累一定操作经验。1949年后，由于中国向苏联学习，中国的技术变革由欧美范式向苏联范式转变，不仅是标准转变、技术转变，整个体制都全部转向苏联模式。虽然苏联人愿意传授经验，但实际上苏联的水运建设实力是非常弱的，对中国的技术能力提升的帮助十分有限。不过，这一时期苏联一些好的管理方法仍然在一定意义上促进了我国生产效率的提高，如劳动竞赛以及工法的制定等。[①]不过，即使计划经济时期以各种运动的方式来激励工人创新，生产效率仍然长期得不到大幅提高。船只在不断折旧，技术水平不断下降，改良式创新只能让这些船运行的时间更长一些。天津航道局在打捞日本沉船的基础上进行了稍微的改良，建成"北京"号。由于封闭的现状，全球最先进的生产技术无法引进，封闭的环境使当时只能进行改良式创新，与世界先进技术隔离。由此可见，生产技术创新要与大的国际格局相联系。

随着中国对外关系逐渐改善，尤其是1972年美国总统尼克松访华后，中国才开始大规模引进外国先进技术。集中体现就是花费170万英镑（折合约4吨黄金）购买的"津航浚102"轮[②]，这是由荷兰制造的当时世界上比较先进的船只（如图2-1所示）。中国围绕这艘船开始探索，派人上船学习研究，慢慢掌握了一些技术。中国的江南造船厂以此为依据，建造了一批先进的挖泥船，但吨位比较小；直到"三年大建港"时期，从1973年开始，才大量引进日本和荷兰的相关技术。这个时期已开始大规模引进外国技术。由于之前约20年的对外封闭状态，中国的技术与外国相差甚远，只能花费大价钱，全部依靠引进，但引进来之后消化吸收的能力仍然不够，生产率无法大幅提高，使得这批船直到20世纪80年代才最终形成生产力。1973年2月，我国港口出现严重"三压"状况，周恩来提出"三年改变港口面貌""力争1975年基本上改变主要依靠租用外轮的局面"的重要指示。[③]

需要肯定的是，在整个计划经济时期，一些不符合现在经济发展逻辑的制度安排却是当时国际环境下国家基于工业化目标的政治经济选择。水运国有企业体系的正式形成，在改革开放后中国水运基础建设以及中国水运走向世界的过程中发挥了核心作用。航道建设从沿海到内陆，从华北到华南再到西南，将国家东西南北的水陆交通逐渐衔

---

① 王苗，龙登高. 苏联专家与新中国水运事业建设［J］. 河北学刊，2021，41（2）：219-226.
② 中国交通建设集团有限公司. 中国交通建设集团水运建设发展史［M］. 北京：人民交通出版社，2022.
③ 黄镇东. 从"一史一录"编纂工作谈新中国水运发展的历史成就与文化传承［J］. 中国航海，2021，44（S1）：1-7.

接起来，构成中国水运运输网络的基础；港口建设也在20世纪70年代的"三年大建港"中从北到南进行较为全面的布局，为全面改革开放奠定了基础。

图 2-1　"津航浚102"轮

资料来源：中国交通建设集团有限公司. 中国交通建设集团水运建设发展史［M］. 北京：人民交通出版社，2022：332.

第三，形成稳定的水运建设队伍，具有一定的规划、勘察、设计、施工、装备制造和科研实力，完成系列重大工程和军事工程建设。在内河航道方面，1949年内河航道里程仅为7.36万千米，其中水深1米以上的航道仅为2.42万千米，到1978年内河航道通航里程达到了13.5万千米，增加83%；在港口建设方面，至1949年年底，建成海港和河港各20处左右，有大小泊位400多个，其中海港泊位约300个（含万吨级以上泊位60个）。截至1976年，全国沿海主要港口共拥有生产性码头泊位311个，其中万吨级泊位133个。交通部水运建设体系如图 2-2 所示。

不过，中国水运建设事业与世界同期水平相比差距依然很大。中国港口规模远低于世界各国发展水平，水运建设技术也远远落后。作为基础设施的交通运输业的发展严重落后于工业发展的需要。水运建设事业的发展不仅没能"先行"于国民经济，反而远低于其需要，且与国际同行的差距不断扩大。面对当时这种情况，中国只有对内改革、对外开放才能更好解放生产力和发展生产力。

```
                    ┌─────────┐
                    │  交通部  │
                    └────┬────┘
                    ┌────┴──────┐
                    │ 水运建设体系 │
                    └────┬──────┘
        ┌────────────────┼────────────────┐
   ┌────┴─────┐    ┌─────┴─────┐    ┌─────┴─────┐
   │ 交通系统  │    │  交通系统  │    │  交通系统  │
   │ （疏浚）  │    │（规划勘察设计）│  │ （港口建设）│
   └──────────┘    └───────────┘    └───────────┘
```

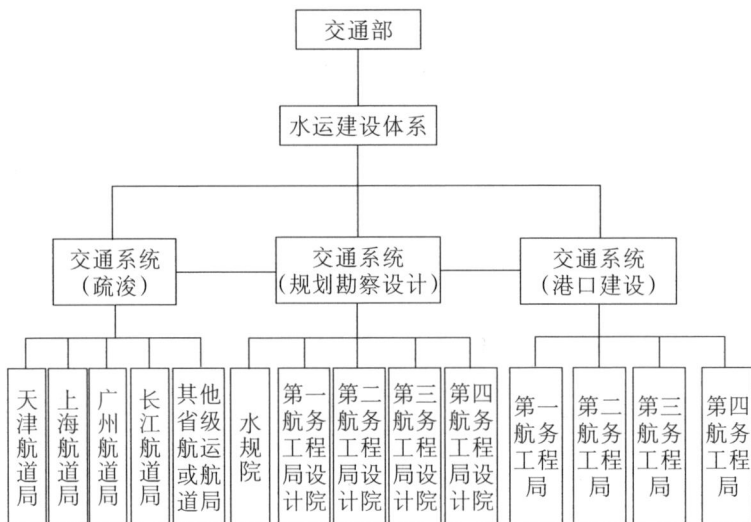

图 2-2　交通部水运建设体系

天津航道局　上海航道局　广州航道局　长江航道局　其他省级航运或航道局　水规院　第一航务工程局设计院　第二航务工程局设计院　第三航务工程局设计院　第四航务工程局设计院　第一航务工程局　第二航务工程局　第三航务工程局　第四航务工程局

资料来源：中国交通建设集团有限公司. 中国交通建设集团水运建设发展史：上册 [M]. 北京：人民交通出版社，2021：227.

二、水运建设企业的改革开放逻辑与发展模式

英国著名发展经济学家保罗·罗森斯坦·罗丹于1943年提出"大推进"理论[①]，认为发展中国家解决贫穷落后问题的关键在于实现工业化，通过国家自上而下对经济各部门同时进行大规模投资，可以促进各部门平衡增长。因此，实施工业化的首要障碍是解决资本形成不足问题，但在资本形成过程中需要达到足够的规模，以及存在足够大的企业。

从计划经济时期的具体情况可知，后发国家在进行国家工业化和基础设施建设过程中，"大推进"的巨额资本难以找到，国家财政不堪重负，将导致一些工业化扭曲，进而出现发育障碍和发育不全的问题。[②]水运建设在自给自足原则下的计划性生产只能满足有限的国内市场，规模性市场的缺乏不仅使这些企业看起来生产能力较低，且难以与需求有

---

① ROSENSTEIN-RODAN P N. The problems of industrialization of eastern and south-eastern Europe [J]. The Economic Journal, 1943, 53 (210/211): 202-211.
② 文一. 伟大的中国工业革命 [M]. 北京：清华大学出版社，2016：140.

效匹配。计划经济体制下的供给显然不能够创造有效需求。随着国际环境的改善以及经济发展，寻求市场开放是顺势而为。

亚当·斯密在《国富论》中就指出，生产效率的提高来源于分工，而分工程度直接受到交换能力的限制，只有市场不断扩大，分工才能更有效进行，从而实现规模化的生产。这是对外开放的经济逻辑。但亚当·斯密忽略的是，市场并不会凭空产生，创造市场存在巨大的社会成本。虽然国家开始形成了以市场为基础的发展观念，但并不完全遵从自由主义的原则，在关系国计民生的重要领域和关键行业，政府显然相当谨慎。①

水运建设作为重要的基础设施领域，从改革之初就遵循"市场+中央计划"的发展模式。这个模式通过灵活的市场竞争和企业改革调动微观主体（水运企业）的积极性，提高其生产效率，国家依旧通过国企这样的制度安排进行宏观层面的经济规划和国家战略布局。正如Marc Blecher所认为那样，当时中国是"发展型国家"与"企业型国家"并存的状态。"发展型国家"旨在推动国家政策发展，而"企业型国家"兼具营利动力，因此企业型国家对企业的控制比发展型国家更深入，计划协调也更广泛。②可是在实际操作中，如何放权？放多少？从一系列的博弈和取舍、意识形态的桎梏等中可以看出，水运建设企业在走出计划经济体制，应对在开拓更广阔市场过程中所面临的困境。

三、天津航道局业务发展③

在此以天津航道局为代表案例予以介绍。天津航道局（以下简称天航局）是中国最早的现代疏浚企业，而在水运建设中疏浚行业又是代表性行业。天航局从1897年创建至今的发展历程中，经历了多次业务多

---

①　ARRIGHI G. Adam Smith in Beijing：Lineages of the twenty-first century ［M］. London：Verso，2007：Chapter 12.

②　BLECHER M. Developmental state，entrepreneurial state：The political economy of socialist reform in Xinji Municipality and Guanghan County ［M］//WHITE G. The Chinese state in the era of economic reform：The road to crisis. Basingstoke：Macmillan，1991：265-291.

③　张钦娟. 天津航道局多元化战略研究 ［D］. 北京：中国政法大学，2019.

元化和专业化间的战略转变。20世纪50年代，天津航道局划归交通部后，聚焦航标测量和疏浚业务，在专业化战略的指导下，集中所有资源到核心且擅长的业务，通过扎根核心领域获得更长久的生命力。改革开放时期，天航局除主营疏浚业务外，又将经营范围拓展至其他50多个经营领域，实现从专业化到多元化的跨越。但是，由于行业较分散，且涉及较多技术含量低的服务业，企业利润不断下降。多元化是调整企业产业结构、增强企业发展后劲、降低市场风险和促进企业生存发展的需要，但多元化需要关注企业经济效益，与企业绩效正相关的业务多元化类型才是有意义的。2002年之后，天航局在主业顺利的情况下，拓展进入疏浚外延市场和环保疏浚市场。面对新时代企业发展的新形势，面对世界疏浚公司的竞争和国内市场饱和的新形势，天航局需要求新求变，发挥比较优势，采取坚持主业下业务多元化的战略，提升竞争力，才能取得跨越式发展。

从20世纪80年代开始，有专家指出，深入调查、明确方向是实现企业业务多元化的根本。要积极发展公司擅长的领域和熟悉的业务，这样有助于建立多元化的业务目标，也更容易集约和扩张未来业务。企业要综合自身考量，制定长远的业务多元化发展方案，避免因债务投资、竞争优势减弱等问题而产生经营风险；同时，要抓住机遇，加强对企业管理、资源配置、业务方向把握等重要影响因素的把握能力，通过风险规避分析确保业务多元化的成功。党的二十大报告强调"推动国有资本和国有企业做强做优做大"，替代了单一"做大国有企业"，这是在借鉴市场经济普遍遵循的现代公司制度和法律基础上，结合中国以国有资本为主的现实国情，与我国宏观经济所处形势相适应的以实现微观运行载体革命性变革的伟大创造。

企业业务多元化战略应该如何与坚持主业结合呢？过去百年来，疏浚企业普遍从单一的疏浚吹填发展为业务多元化，国际化、业务多元化成为趋势。[1]天航局是在1897年成立的海河工程局的基础上逐渐形成的，是国内首个专业疏浚企业，目前是中国交通建设股份有限公司子公

---

① 刘作辉. 世界疏浚企业国际化、多元化经营对 EVA 影响的实证研究 [J]. 环渤海经济瞭望，2011（7）：42-45.

司。为了做强做优做大国有资本，中交集团提出了五商中交的战略，主动寻求产业链转型升级，从"承建商"向"承包商""投资商""发展商""集成商"集成转型。①中交集团在五商中交战略下坚持产业链结构升级也是天航局发展的需要。自中华人民共和国成立以来，天航局在专业化战略和业务多元化战略的道路上不断探索。究竟在什么条件下作出业务多元化的战略选择有利于企业发展？如何在坚持主业的基础上发展业务多元化？这是值得所有中国疏浚企业借鉴的业务多元化战略发展的重要课题。

天航局注册资金为58亿元，在国内外设立15个总部职能部门、13个分子公司、3个业务部门、20多个营业机构。公司现有员工3 000余人，其中专业技术人员占70%以上，国家级的专家、学者众多，现代化的装备数量也不落下风。绞吸式挖泥船在中国和世界排名第一，年挖泥能力超过3.5亿立方米，其中包括一系列大型挖泥船，如亚洲最高生产能力的自吸式挖泥船"天鲸号"。目前天航局主要从事河道疏浚、土地复垦、水利基础、环境保护、市政水利方面的业务，具有港口与航道工程施工总承包特级资质、地基与基础工程专业承包一级资质、环保工程专业承包二级资质、水运行业设计甲级资质等，可提供投资、设计、施工、运营一体化服务。

鉴于疏浚行业的特殊性，如高资本、高技术和国家区域划分等特性，天航局在区域内处于垄断性地位。但尽管拥有专业性门槛，天航局也始终坚持改革创新，紧跟时代发展，业务范围经历了从多元化到专业化，再回归多元化等几个阶段。跨入21世纪特别是党的十八大以后，如何在坚持主业的情况下走业务多元化发展道路成为天航局发展的关键问题。

中华人民共和国成立初期，海河工程局作为天津航道局的前身，工作范围主要包括两部分：一是大沽沙航道和海河上的码头等的疏浚、吹填、破冰，以及海河裁弯取直、导流、护岸等整治工程；二是海河上游（主要是屈家店）的放淤排洪工程和解放桥的管理。在疏浚

---

① 刘起涛. 在建设世界一流企业征程中再创新辉煌 [J]. 建筑，2018 (5)：14-15.

公司时期，其除保证军事任务外，以疏浚、吹填及破冰工程为主，辅以其他水利疏浚工程。天津航道局在中华人民共和国成立初期曾经负责解放桥管理、海河内河疏浚和裁弯取直、放淤、破冰、港口疏浚等多种业务，对社会经济作出了极大的贡献，是中国现代航运港口管理等领域的先行者。

其后，天津航道局的业务范围不断调整，在20世纪50年代划归交通部后放弃了裁弯取直、内河疏浚、放淤和解放桥管理等业务，聚焦航标测量和疏浚业务，成为中国疏浚行业的排头兵。在专业化战略的指导下，集中所有资源到优势核心业务，以扎根核心领域获得更长久的生命力。

如图2-3所示，1949—1977年，天航局历年施工工程项数有较大幅度提升，1958年，施工工程项数达到42个；但之后经历了历年下降和波动，到1977年基本与前持平。

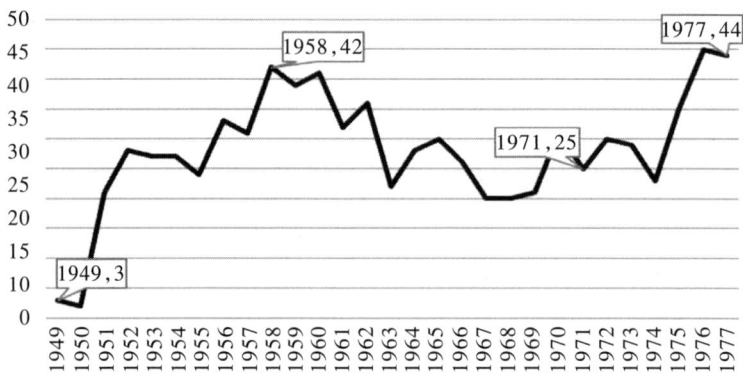

图2-3　1949—1977年天津航道局历年施工工程项数统计趋势图

资料来源：关于上报三十年有关历史资料的报告（1979年9月21日）[A]. 天津航道局档案：行政永久，1979-7.

如图2-4所示，1949—1977年，天航局历年挖吹泥船计算马力数呈现持续增长的趋势：1949—1952年，增长平缓；1952—1954年，有了较大幅度提升，两年时间马力数增加2倍多；1954—1971年，小幅波动，总体没有大的增长；1971—1975年，马力数又增加1.3倍。

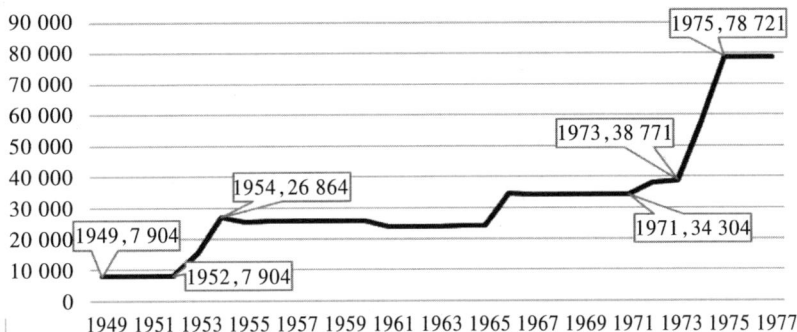

图2-4　1949—1977年天津航道局历年挖吹泥船计算马力数统计趋势图

资料来源：关于上报三十年有关历史资料的报告（1979年9月21日）[A]. 天津航道局档案：行政永久，1979-7.

图2-5是天航局自身设备能力和设备利用率的体现。中华人民共和国成立以后，随着实际需要增加，天航局不断投资增加设备数量，但在1949—1950年，其实际动用的挖泥船数不及实有船只数的20%，大部分挖泥船处于闲置状态；1954年拥有挖泥船数达到23艘，但当年实际动用只有15艘。1958—1977年，这一情况有所改善，挖泥船设备虽存在一定的资源浪费，但基本得到有效利用。

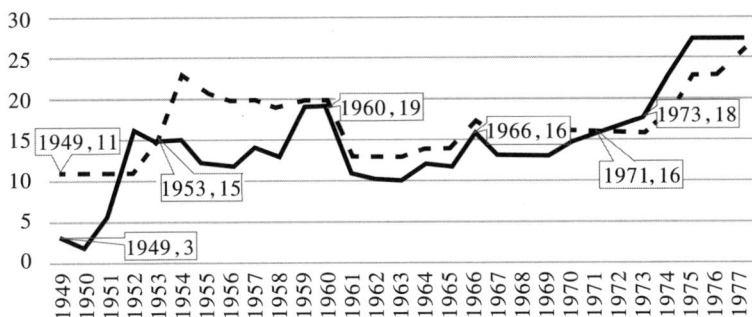

图2-5　1949—1977年天津航道局历年实有及当年动用挖泥船艘数统计趋势图

资料来源：关于上报三十年有关历史资料的报告（1979年9月21日）[A]. 天津航道局档案：行政永久，1979-7.

如图2-6所示，1949—1977年，天航局历年挖吹泥船日挖泥能力的大致趋势和计算马力数相似，整体呈现持续增长的趋势，并经历了1952—1954年、1971—1975年两个激增阶段。

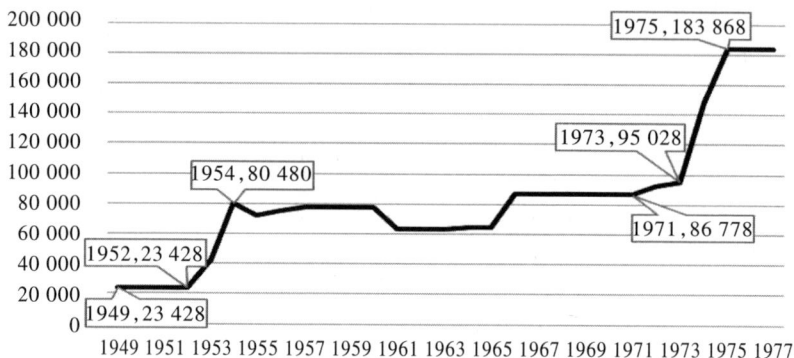

图 2-6　1949—1977 年天津航道局历年挖吹泥船日挖泥能力统计趋势图

资料来源：关于上报三十年有关历史资料的报告（1979 年 9 月 21 日）［A］. 天津航道局档案：行政永久，1979-7.

第三节　挑战与机遇：水运国企的市场化与国际化改革

一、水运建设企业的市场化转型

（一）扩大企业经营自主权和"事改企"

在国有重工业企业的市场化改革中，国家以"让权放利"的思路开启改革进程，随后探索所有权和经营权分离的企业治理模式，使各水运组织能够进入市场，逐步适应商品化的经营环境。

1979 年 7 月，国务院下发《关于扩大国营工业企业经营管理自主权的若干规定》及相关文件，20 世纪 80 年代中后期水运建设单位以"事改企"为突破口，逐渐成为独立核算、自负盈亏、自主经营的市场微观主体。各航务工程局及其设计院分离（"局院分离"），一航院、二航院、三航院、四航院从此成为独立机构，它们与各航道局以"事改企"开启改革。长期围于长江的二航局，率先走出长江，到沿海竞标工程。正是以这种闯的精神，二航局在 20 世纪 90 年代前期成功地将水上施工技术移植并嫁接到桥梁施工领域，以其水上优势逐渐推进了中国桥梁建设领域的发展。市场带来的竞争与压力，反而能够使企业抓住自己的比较优势，进而转化为企业的活力之源。

（二）面向国际市场，设立中国港湾建设总公司

1980年，为加强交通领域的合作，在国务院和交通部等部委支持下，中国港湾工程公司（以下简称中国港湾）①正式成立，这是中华人民共和国第一批"走出去"参与国际竞争的企业之一，也是中国交通建筑领域最早的5家外经企业之一。此时的中国港湾仅仅是业务单一的"窗口"型企业，业务多是小型的经济合作项目以及参与实施中国政府的援外项目，比如顺利完成马耳他30万吨干船坞、毛里塔尼亚友谊港等工程②，推动了中国与世界上发展中国家的经济交流与合作，迈出走向国际市场的第一步。

（三）构建现代企业制度——中国港湾建设（集团）总公司

随着改革开放的推进，中国经济基础的企业所有制结构也在慢慢发生变化。改革的核心之一便是国有企业改革。1988年年初，国务院开始酝酿把国有资产的产权管理职能从政府的社会经济管理职能中分离出来。③1988年年底，为实现政府职能转换的改革，根据国家政企分开的要求，中国港湾与交通部一航局等14个单位合并成立中国港湾建设总公司，不过这个时期的人事任命权仍归交通部。

1993年，党的十四届三中全会明确提出国有企业的改革方向是建设产权清晰、权责明确、政企分开、管理科学的现代企业制度，从政企关系到企业内部制度进行重新定位。④但直到1995年后，国家才开始大规模改革国有企业。在"抓大放小"的政策下，国家保留了对市场发育不充分、影响国家安全、基础设施和重要资源的大型国有重工业的控制，推动其改革企业治理结构，升级生产技术，在国内和国际市场上形成竞争。在世界大型企业崛起的过程中，政府的有意识扶持往往起着重要的作用。⑤

---

① 1996年年底改制为中国港湾建设（集团）总公司，1997年中港集团正式挂牌运营，2005年改制为中国港湾工程有限责任公司。

② 佚名. 档案：见证中国港湾37年的坚守 [N]. 交通建设报，2017-08-24（3）.

③ 周放生. 国有资产管理体制改革的历史沿革 [J]. 国有资产管理，2008（11）：51-52.

④ 黄群慧. "新国企"是怎么炼成的——中国国有企业改革40年回顾 [J]. 中国经济学人（英文版），2018，13（1）：58-83.

⑤ NOLAN P, XIAOQIANG W. Beyond privatization: Institutional innovation and growth in China's large state-owned enterprises [J]. World Development, 1999, 27（1）：169-200.

这一政策为后来水运建设企业的发展奠定了基调。水运建设企业不但是经济发展中水运基建的重要组织，还是提升国家竞争力的扶持对象。1995 年上海港机厂上市，成为交通部最早公开上市的国有企业。1992 年成立的上海振华重工（集团）股份有限公司也于 1997 年上市，在国际市场中异军突起。1996 年年底，中国港湾改制成立中国港湾建设（集团）总公司。这是当时中国最大的水运工程建设企业集团，以水工建筑业、挖泥疏浚业以及港机制造业为核心支柱。[①] 1999年，交通部下属的水运工程设计咨询中心、水运规划设计院并入中港集团，中港集团具备了从设计到施工的一体化产业链，增强了国际竞争力。

二、天津航道局业务发展

在此继续以天津航道局为代表案例予以介绍。改革开放时期，天航局实现了"事改企"，在主营疏浚业务外，又将经营范围拓展至其他领域，实现从专业化到业务多元化的跨越。天航局转变在计划经济体制下形成的老旧观念，着力树立符合社会主义市场经济体制的经营理念，全面提升竞争实力，勇于开拓。截至 1987 年年底，全局共有 50多个经营项目，涵盖商业、生活服务、运输、餐饮、旅馆等广泛的业务，行业较分散，且涉及较多技术含量低的服务业；1990 年，关闭多个商业领域项目和流通项目，关注并发展与主业相关的外延项目，并逐渐设立多家子公司来运营不同业务。

为适应社会主义市场经济激烈竞争的要求，天航局先后多次对其业务经营结构和相应的组织结构进行调整。20 世纪 90 年代初期，在大力发展多种经营业务的思想指引下，天航局的业务范围迅速扩大，下属单位数量不断增多。与交通部脱钩之前，比较大的三次组织结构调整是：1988 年机关机构设置调整、1993 年基层生产组织结构改革、1996 年压缩机关处室和合并基层亏损单位调整。1998 年同交通部分离后，天航局根据经济形势、市场环境以及自身特点，制

---

① 1989—2005 年，中国港湾承建的项目中斩获 7 项"詹天佑奖"、3 项"鲁班奖"。

定了削枝精干、主辅分离和精简机关的经营与组织结构调整措施。从 1999 年开始，天航局开展了大规模的削枝精干工作，对下属多种经营法人单位进行了清理，同时减少了主业生产的管理层次，业务更精干，主业竞争力进一步增强。

1997 年天航局制订的"九五"计划强调了发展业务多元化经营的重要性，这是调整企业产业结构、增强发展后劲、降低市场风险和促进企业生存发展的需要。由于多种经营的战略，"九五"期间天航局产值为"八五"期间的 3.1 倍，企业利润却不断下降，陷入了盲目业务多元化的陷阱。

天航局 1980—1997 年的利润统计如图 2-7 所示。天航局的经营效益从 1983 年到 1988 年持续下跌，甚至到 1988 年亏损 152.9 万元；之后经营效益虽有好转，但仍不及 1983 年利润的一半。

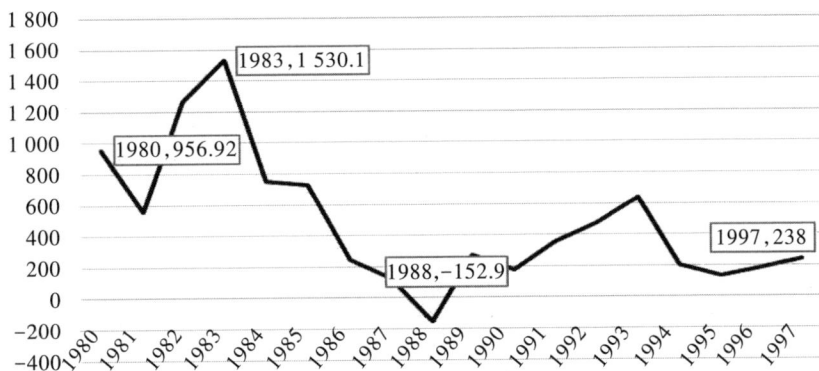

图 2-7　1980—1997 年天津航道局历年利润统计趋势图（单位：万元）

资料来源：周星笳. 天津航道局史［M］. 北京：人民交通出版社，2000：263，311.

图 2-8 体现了 1949—1999 年天航局的人力资源发展趋势，整体呈现出两个"增长+下跌"的过程：第一个过程从 1949 年的不到 1 000 人增加到 1954 年的 3 885 人，紧接着人数又波动减少到 1962 年的 1 464 人；第二个过程从 1962 年开始，到 1987 年持续增长 3.4 倍至 6 489 人，但随之又伴随一轮持续减少。

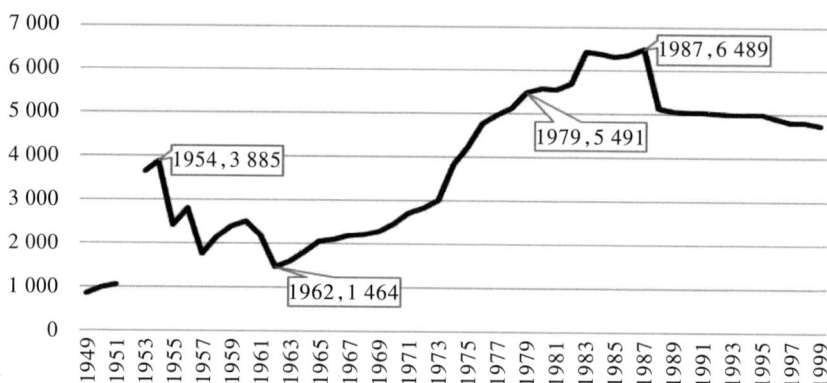

图 2-8　1949—1999 年天津航道局历年平均人数统计趋势图

资料来源：周星笳. 天津航道局史［M］. 北京：人民交通出版社，2000.

　　进入 20 世纪 90 年代后，由于下属法人多、组织层级多，出现干部队伍杂乱、职工素质良莠不齐，以及国有资产被无偿占用和使用、漏出等现象，为维护企业利益，天航局开始进行主辅分离、辅业改制，战略从业务多元化向专业化转变。1998 年 3 月，天航局与交通部分离，实现了政企分开，最终企业经过改革、改组、改造和加强管理提升了核心竞争力。于是，专业化成为新的选择。

　　从改革开放到 20 世纪 90 年代末期，1986—1997 年，天航局的战略从专业化向业务多元化跨越后，如图 2-9 所示，主业疏浚业的产值占总产值的比例由 91.5% 逐渐下降到 76.2%；如图 2-10 所示，总产值和疏浚产值均有一定增长，特别是企业总产值实现了 7 倍增长。但与之形成强烈对比的是，如图 2-7 所示，天航局的利润不仅没有随着总收入（翻了三番）增加，反而在经历较大波动后较 10 年前有所减少：1997 年为 238 万元，1986 年为 244 万元。

　　2002 年之后，天航局不断扩大经营领域，打入疏浚外延市场和环保疏浚市场。2006 年 10 月，天津航道局建立公司制度，中交天津航道局有限公司正式成立，确定了新的发展理念。国企改革期间，天航局的经营战略再度调整，制定了做强主业的战略。

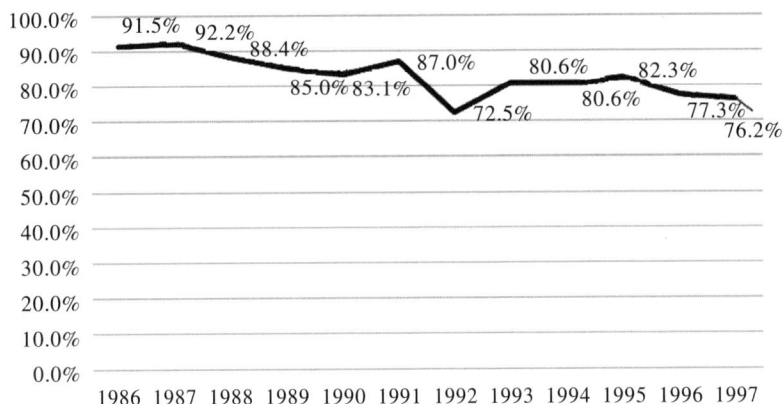

图2-9　1986—1997年天津航道局疏浚产值占总产值历年百分比统计趋势图

资料来源：周星笳. 天津航道局史［M］. 北京：人民交通出版社，2000.

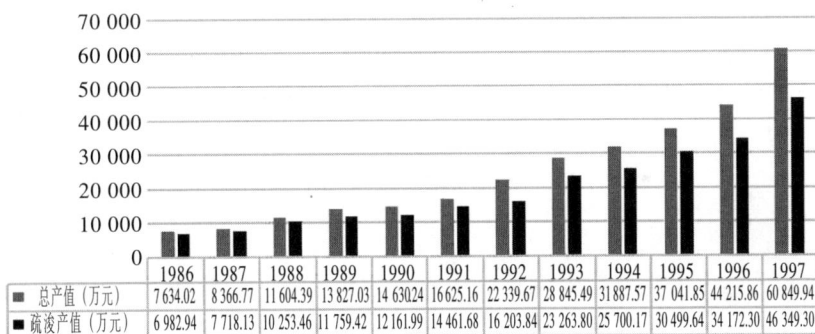

	1986	1987	1988	1989	1990	1991	1992	1993	1994	1995	1996	1997
■ 总产值（万元）	7 634.02	8 366.77	11 604.39	13 827.03	14 630.24	16 625.16	22 339.67	28 845.49	31 887.57	37 041.85	44 215.86	60 849.94
■ 疏浚产值（万元）	6 982.94	7 718.13	10 253.46	11 759.42	12 161.99	14 461.68	16 203.84	23 263.80	25 700.17	30 499.64	34 172.30	46 349.30

图2-10　1986—1997年天津航道局历年产值统计趋势图

资料来源：周星笳. 天津航道局史［M］. 北京：人民交通出版社，2000.

2003年，按照中港集团对天航局改革工作的要求，天航局对全局主业内部管理结构进行了较大调整。经过调整，疏浚主业基本实现了局、项目经理部一级管理，并按专业化管理的要求，对各类资源进行重新组合，组建了工程公司、船舶管理分公司、环保疏浚分公司、辅助设备管理处等二级机构，减少了主业生产环节中的管理层次，实现了局对施工船舶等生产要素的统一调配，对生产经营实行统一计划和指挥，对人力资源和资金实行统一协调和管理。到2007年，随着规模的扩大，业务进入快速推进的发展阶段，之前的扁平化组织模式很难适应企业的新发展，因此，天航局开始向垂直化管理转型，先后设立了深圳南方公司、天津滨海公司、上海华东公司，以及海外事业部和环保事业部两个事业部和8家合资企业。同时，公司重新考虑了船舶和人员建设等资源。之后，按照施工生产和市场布局的需要，天航局又成立了福建公司、大连公司和华中办事处，绝大部分工程项目均由各分（子）公司和事业部组织实施。此外，天航局尝试在天津南港、广西、南海等工程项目较为集中的区域实行区域化管理，以强化区域内资源的流动性和互补性，提升协同效应。在企业的内部治理上，各管理层级的定位和职责也逐步清晰，总部逐渐突出领导、监督、服务和部署的管理职能。子公司、业务单位等突出目标管理职能，使项目部逐步成为执行合同和成本控制中心的主体和利益形成中心。这样，天航局总部就可以从一线建设和生产的细化管理中吸取经验，进一步加大宏观设计公司发展的力度。随后出现的各分公司、子公司及事业部等，按照任务目标，对一线的工程项目和生产进行目标管理。新时代天航局应该进一步强化主业的组织建设，并弱化与主业无关的业务多元化经营主体。

天航局在2006年制订的"十一五"计划中，明确提出积极拓展国内外市场、加大开发疏浚外延项目力度、努力扩大市场占有份额的市场目标；提出保持环保疏浚市场的领先优势，扩大水工市场的占有份额，以及充分发挥天航局绞吸挖泥船的竞争力，保持和扩大在国内的领先地位，创建天航局的市场品牌；提出努力培育企业新的经济增长点，按照管理型企业的模式，快速提升工程公司的生产规模和适应市场需求的能力；提出以精干做强主业为方向，实现主业一级管理的目标。

经济环境方面，国内经济一段时间内仍将依靠基础设施投资带动，港区升级、老港区搬迁、集疏运体系建设、内河航运建设、水利建设等投资将维持增长。与此同时，由于贸易的全球化发展、人口增长和城市化问题，对沿海保护、能源开发、旅游和环保需求的增加，疏浚业在未来必定有所作为。中国共建"一带一路"倡议的实施将会带来更多海外市场项目机会，特别是东南亚、中东、非洲等疏浚市场孕育着较大发展机遇。通过对国际疏浚市场的了解，不难看出，业务多元化和全球化已经成为全球疏浚业的两大趋势，同时成为疏浚企业未来发展的两大动力。国际的开放市场集中在欧美地区,最具代表性的四大疏浚公司营业额近些年来总体呈现出持续上涨的趋势,2006—2015年翻了一番(如图2-11所示)。同时应当注意,虽然受离岸市场状况严重恶化的影响,从2016年开始,以荷兰波斯卡里斯公司为首的四大疏浚公司经历了营业额的持续低潮,但这种情况随着海外市场的逐渐复苏与新业务的拓展、组织机构的调整等,在2021年得到了显著改善(见表2-2)。面向全球化的持续的多元业务开拓使得这些公司保持了稳健增长。

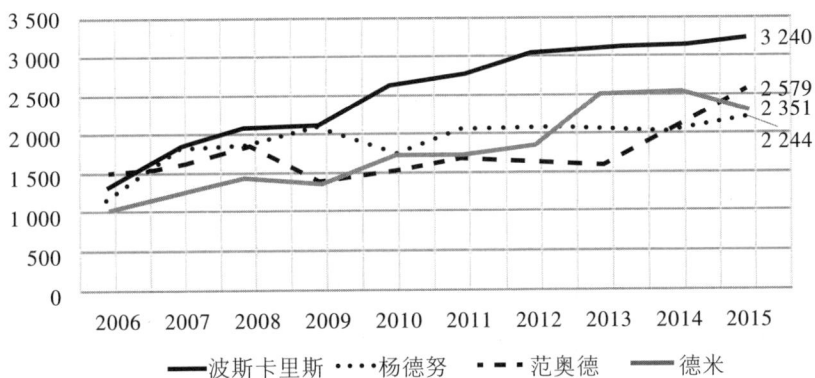

图2-11 2006—2015年国际四大疏浚公司营业额趋势图(单位:十万欧元)

资料来源:前瞻产业研究院整理。参见:龙登高,常旭,熊金武,等. 国之润,自疏浚始:天津航道局120年发展史 [M]. 北京:清华大学出版社,2017:369.

表2-2　　　　　2016—2023年国际四大疏浚公司营业额　　　　　单位:万美元

年度	波斯卡里斯	杨德努	范奥德	德米
2016	2 596	2 044	1 713	1 978
2017	2 337	1 758	1 530	2 356
2018	2 570	1 708	1 876	2 646
2019	2 645	2 030	1 644	2 646
2020	2 525	1 908	1 747	2 622
2021	2 957	1 737	1 517	2 510
2022	3 578	2 493	2 021	2 654
2023	4 283			3 285

资料来源:四大疏浚公司历年年报。

中国疏浚业在横跨 3 个世纪的发展中已经成为世界第一疏浚大国。如图 2-12 所示，中国疏浚行业的市场规模从 2006 年的 14.29 亿欧元增加到 2015 年的 62.15 亿欧元，10 年时间翻了两番。2016—2022 年，中国疏浚行业的市场规模分别为 493.8 亿、535.8 亿、520.5 亿、552.7 亿、587.7 亿、628.3 亿、675.2 亿元。由此可见，新时期，中国疏浚业已经走出国门、走向世界，业务从单纯的传统疏浚吹填向业务多元化方向发展，在资产、营业收入、总合同额等方面与世界四大疏浚公司差距缩小；但是在利润累计、科学技术和人才培养及使用等方面仍存在较大差距。国内经济转型，传统市场基建投资下滑，市场整体规模增长空间有限。中国进入经济增速换挡期，受高杠杆率以及去杠杆政策导向的制约，地方政府融资能力受限，导致基础设施建设受到制约。前期大量资本及企业进入疏浚行业，造成产能阶段性过剩，部分大型央企成立港航公司，初期主要以低价竞标方式进入疏浚领域，行业竞争逐步激烈。原材料、燃油、劳动力价格上涨以及低价竞争等因素，导致疏浚行业利润逐渐摊薄。客户项目要求不断变化，要求必须具有更强的价值链整合能力。业务和区域结构较单一是国内企业的普遍现状，企业经营存在潜在风险。

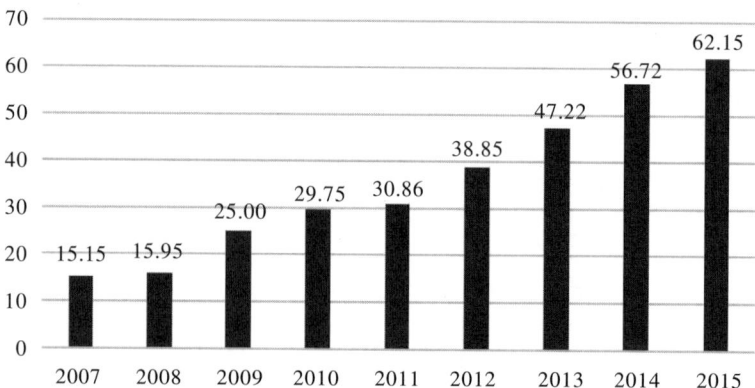

图 2-12　2006—2015 年中国疏浚行业的市场规模统计趋势图（单位：十万欧元）
资料来源：前瞻产业研究院整理。

2007 年，天航局形成了"百年天航，百亿天航"的战略构想，决定在未来 3~5 年以至今后更长一个时期内，形成疏浚和吹填造地业务、水工基础建设业务、勘察设计业务、海外业务、投资业务、加工制造业务六大业务板块，争取实现"百年天航，百亿天航"的发展目标。

为了克服企业业务结构单一的短板，2007年12月，天航局调整业务结构，将业务定位为"一体两翼"："一体"是国内疏浚吹填、其他海洋工程和勘察设计业务；"两翼"中的一翼是海外业务，另一翼是投资业务、交通基础建设业务及其他业务。

2011年，天航局"十二五"总体发展规划涵盖投资业务、海外业务、环保业务、勘察设计咨询业务、装备制造业务，以"强主业、调结构、低成本、高质效"为核心，调整优化结构，转变发展方式。这一时期，业务总体定位为略有调整的"一体两翼"："一体"指的是疏浚吹填、水工及基础工程、环保工程和勘察设计咨询业务；"两翼"中的一翼是海外业务，另一翼是装备制造业务和以房地产为主的投资业务。

2015年，天航局确定了"十三五"时期的改革发展基本思路，推进"百年天航，强盛天航"战略，突出国际化优先发展、协同发展、均衡发展，厚植主业优势，打造海外和环保两个增长引擎。

到2016年年末，天航局已经在18个国家和地区成立了自己的办事处和分属机构，海外市场经营网络初步建成。技术资源成为天航局参与国际竞争的有力法宝。截至2023年，天航局施工足迹遍布中国沿海30多个港口、内陆近30个省份，以及亚洲、非洲、欧洲、美洲、大洋洲等30余个"一带一路"共建国家。长远来看，相对海内外其他的疏浚企业而言，天航局的核心优势体现在机制体制创新、战略管理、技术工艺、船舶装备、市场资源、品牌优势等方面。

如图2-13所示，天航局1949—2016年的工程量经历3个阶段增长后达到峰值：1949—1979年是平稳且缓慢增长的时期，年工程量从45.06万立方米增长到2 294.57万立方米；1979—2005年是平稳且较快增长的时期，年工程量从2 294.57万立方米增长到10 314.87万立方米，增长3.5倍；2005—2010年是飞速增长时期，年工程量从10 314.87万立方米增长到46 572.37万立方米，短短5年时间增长3.5倍，生产力实现较大提升；此后至2016年，天航局年工程量经历了6年的波动下滑，跌至19 859.52万立方米，不到峰值的一半。

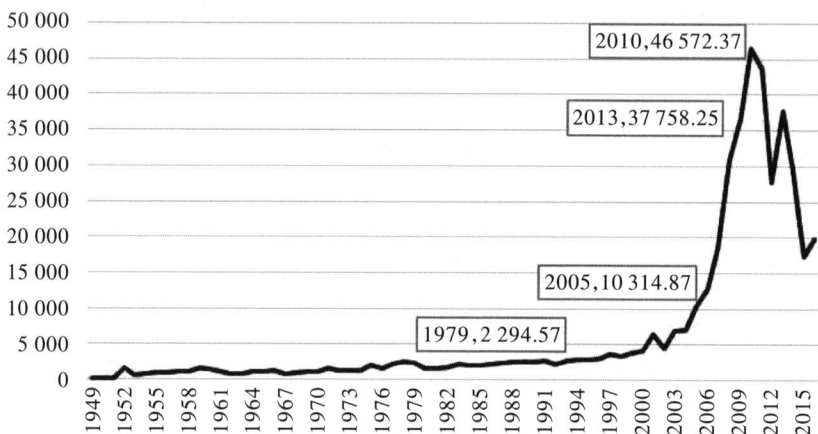

图 2-13　1949—2016 年天津航道局工程量统计趋势图（单位：万平方米）

资料来源：龙登高，常旭，熊金武，等．国之润，自疏浚始：天津航道局 120 年发展史［M］．北京：清华大学出版社，2017.

　　如图 2-14 所示，天航局 1949—2016 年的产值大致趋势和工程量相似，同样经历了 3 个增长阶段，在 2013 年达到峰值后，在 2016 年波动下滑至峰值时的 87%；但此时，天航局的业务多元化已初具规模，行业内享有盛名。

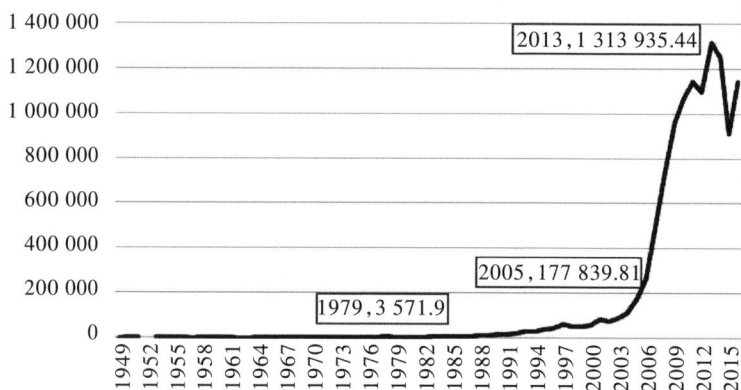

图 2-14　1949—2016 年天津航道局历年产值统计趋势图（单位：万元）

资料来源：龙登高，常旭，熊金武，等．国之润，自疏浚始：天津航道局 120 年发展史［M］．北京：清华大学出版社，2017.

第四节　21世纪以来中国水运建设的跨越式发展

与改革开放同时进行的是国家工业化战略的重大结构性调整。20世纪90年代以来，国家又相继提出加快振兴装备制造业的战略构想。进入21世纪，随着中国加入世界贸易组织（WTO），工业发展进入高速发展时期，无论是工业体系种类、工业分工规模还是装备制造领域，都取得长足进步，并逐渐建立起一套完整的大国工业体系。

一、水运企业的"走出去"战略

经济学家罗纳德·科斯曾在《企业的性质》中提出[1]，交易费用决定了企业的存在以及企业的规模。市场需求的扩大是通过劳动分工以提高生产规模和生产效率来满足的，小企业固定投资和组织成本较低，但是边际产出成本上升得快。而大企业尽管固定投资和组织成本较小企业高，但随着市场的扩大，边际产出成本上升很慢，即大企业门槛高，但具有明显的规模效应，因此，大市场才能支撑起大企业。[2]

加入WTO以来，中国经济面临更为广大的国际市场，在市场范围内进行资源配置迅速激发了经济活力，快速增长的国民经济给水运建设带来巨大需求。2000—2006年，中国进出口总额从3.9万亿元增长至14万亿元，增长超过3倍。水运建设相较于其他行业，重资本投资、高技术含量，与国家经济发展密切相关，水运建设企业的国际化之路亦是中国不断改革开放、融入世界的缩影。同时，国内经济的快速发展极大地推动水运行业的发展。进出口业务的高速发展对港口、航运等行业提出更高要求。

一方面，参与国际竞争刺激了中国港口航道等的建设，国内水运基础设施建设进一步完善；另一方面，参与国际竞争是一个学习过程，国内水运企业需要顺应国际运输船舶大型化、专业化和集装箱化的要求，从而实现产品升级和生产结构优化。更大的市场对国内水运事业的建设

---

① COASE R H. The nature of the firm [J]. Eonomica, 1937, 4 (16): 386-405.
② 文一. 伟大的中国工业革命 [M]. 北京：清华大学出版社，2016：79.

来讲是巨大的挑战。"入世"把中国各大产业推向世界舞台，中国水运建设企业直面来自全球的挑战，充分利用国内和国外"两个市场、两种资源"，通过对外直接投资、对外工程承包、对外劳务合作等形式积极参与国际竞争与合作。

二、中交集团组建与上市

为更好参与国际竞争，发展具有国际竞争力的大型企业集团，进一步增强国际竞争力，原中国港湾建设（集团）总公司与原中国路桥（集团）总公司于2005年12月18日以强强联合、新设合并的方式重组成立中国交通建设集团有限公司。"中国港湾"以原中国港湾建设（集团）总公司海外事业部为基础继承了原中国港湾建设（集团）总公司的业绩和资质组建成立中国港湾工程有限责任公司，代表中国交通建设集团有限公司（中交集团）开展国际市场业务。中交集团通过资源整合，发挥中港集团和路桥集团的优势，以全新姿态参与国际和国内市场竞争，经济效益大幅攀升，逐步建立完善的现代企业制度，为集团整体上市工作奠定了坚实的基础。

2006年，中国交通建设集团有限公司以全部主营业务及相关资产作为投入，独家发起创立中国交通建设股份有限公司（中交集团），于2006年12月15日在中国香港成功上市。中交集团是第一家整体上市的中央企业，也是第一家在境外资本市场整体上市的交通基建企业。在实现境外上市后，中交集团由传统国企脱胎换骨成为把握市场机会，应对国际市场挑战的大型国际化企业，极大增强了其在国际市场上的知名度和企业形象。同时，中交集团上市完善了企业治理结构，强化了融资能力，为装备现代化提供了基本的资本保障。

三、开放市场与大国水运创新体系

中国水运建设业生存和发展于本国产业体系之中，形成相互配套的产业分工与地域分工，水运业本身的产业链也较为齐全。因此，技术创新、重大工程所需要的广泛资源和生产要素，多能在本国产业体系中寻求实现。但仅仅片面追求本国工业体系内的创新显然是不够的，还需要与全球产业链以及国际分工结合。与计划经济时期的举国水运工业体系不同，如今是面向市场体系的资源配置，是开放的，更是竞争的。

百年间，中国的技术创新在经历两轮引进—消化—吸收—落后以及模仿创新—改良创新—集成创新后，创新能力不断增强，造船能力不断强化，最终实现超越。1949年前，中国在企业经营中没有自主权，技术由洋人管理，他们并不传授技术，因而中国无法实现自己的技术创新。计划经济时期，虽然在封闭状态下无法引进世界先进技术，但在这种状况下反而倒逼形成一定的自主研发能力，这种封闭式的改良创新显然是不可持续的。20世纪80年代，中交水运开始面向市场，在激烈竞争中，中国水运技术研发能力不断提升。尤其是在2001年中国加入WTO以后，先进技术得以引进，并在"干中学"中消化吸收、不断摸索，最终才得以形成自主创新体系。如"天鲸"号所体现的就是中交集团企业化之下从国内走向国际化的过程，并在国际化中取得跨越式发展，而完全自主设计的"天鲲"号是自主继承创新的代表，体现了在开放过程中中交水运的"消化—吸收—创新"，并升级为自主研发创新的特点。

船舶是大国工业体系能力的一个代表，行业也离不开国家工业体系的支撑。船舶的建造是对一个国家综合工业能力的考验，包括钢铁和发动机行业等。计划经济时期造不出"天鲸"号这样的船只，不是天津航道局这一企业的原因，而是整个国家的工业体系无法满足，无法匹配。对国家而言，这些技术进步的背后就是从后发国家向创新驱动型国家转变的过程；对于一个企业而言，就是从后发企业向创新领导企业转变的过程。对当代中国而言，应更加注重创新能力，而技术创新要基于市场需求，面向市场，不能盲目创新。落实到微观企业，这种面向市场的技术创新最终体现在生产效率和市场竞争力提升上。

中国水运事业的发展与中交集团密不可分，而中交集团的壮大是开拓和深化全球市场的重要体现。改革开放40多年来，中交集团抓住了开放所带来的巨大历史发展机遇，从引进、消化吸收到自主创新，从向国际同行学习到加速赶上后来居上，并成为全球领先的特大型基础设施综合服务商、具有全球竞争力的世界一流企业。

"国家强、企业强；国家兴、企业兴。"①中交集团一路走来的发展历程充分证明，国有企业服务国家战略与培育全球竞争力二者相辅相成、互相促进。开放程度越高，参与国际竞争的压力越大，就越有助于推动国有企业将压力转化为巨大的自身变革动力和全球竞争能力。国有企业发展与国家战略的结合才能有效抓住机遇、扩大开放，才能顺应甚至引领经济全球化潮流，实现自身的跨越式发展和可持续发展，才能从"引进来"到"走出去"、从吸引外资"投资中国"到鼓励中资"投资世界"中形成新的经济增长点②，这是中交集团向一流全球公司转型的开始。

四、新时代水运企业发展面临的挑战

尽管天航局在改革开放以来实现了快速发展，但是在业务多元化与专业化方面始终坚持根据市场情况来变革，尤其是在2013年以来疏浚工程量和产值都普遍下降的形势下。疏浚行业海外市场竞争激烈，面对越发复杂的政治、法律、投资、生态、运营风险，国际先进疏浚企业在核心装备、生产效率、工艺技术、高端项目运作能力等方面优势显著，在亚非、中东、南美等市场逐步扩大，国际市场形成垄断局势。新时代下，大国博弈异常激烈，国际安全形势更为复杂，在"走出去"的同时，对风险的控制问题不可小觑。一方面，在社会经济发展比较落后的国家和地区，安全物资采购相对匮乏，设备检验、维护、更新比较困难，通信和网络发展滞后，气象采集也很困难。另一方面，由于境外工程人员在竞标和工程初期对当地情况缺乏了解，安全生产存在隐患。加之，政治经济问题同文化、宗教冲突交错复杂，个别国家对中国缺乏应有的信任，甚至出现敌对情绪，如何更好地利用机遇、应对挑战，仍然是需要深入探讨的话题。国内市场环境相对稳定，国家对港口基础设施建设支持，同时布局重点物资运输码头的建设；加快水运基础设施建设，推进干线航道和高等级航道建设。

---

① 訾谦. 中交集团：全面建设世界一流企业［N］. 光明日报，2018-12-10（11）.
② 訾谦. 中交集团：全面建设世界一流企业［N］. 光明日报，2018-12-10（11）.

在海外市场竞争激烈及国企改革背景下，如何正视新时代的企业业务多元化战略成为天航局面临的重要问题。

1.其他业务无法贡献利润增长点，总收入、主业收入增长但利润降低

盲目进行业务多元化经营，迅速进行业务扩张，尤其是非主业相关业务的扩张，虽然能带来收入增长，但会造成投资和成本的巨大增长，最终导致利润降低，因此有了20世纪末的专业化改革。2013年以来的情况与此类同，天航局也对企业专业化与业务多元化选择有了新的认识。

2.主业得不到其他业务支持，抗风险能力弱

1949—1977年，天航局采取专业化的经营战略，到1977年工程业务量基本与1958年持平，20年时间施工业务没有增长；1953—1977年，当年实际动用的挖泥船艘数少于拥有的挖泥船数，一部分挖泥船处于闲置状态，资源存在一定的浪费。此外，单一结构业务导致天航局的抗风险能力低，一旦出现疏浚市场不景气、政策变化、安全事故、设备损坏、核心人才流失等风险，就会对天航局经营收入造成巨大影响。

3.国际市场竞争加剧，国内市场饱和

经济全球化下，世界贸易、沿海保护、环境保护、人口增长与城市化、能源增长需求与水相关旅游是疏浚行业的六大驱动因素。逆全球化冲击着国际航运市场，进而影响了水运建设市场。2008年全球金融危机之后，全球贸易增速下降，出现波动。世界贸易组织报告显示，2017年，全球商品贸易量增长4.7%；2020年以来，受新冠疫情、俄乌冲突等外部压力的影响，2020年全球贸易萎缩5.3%，2022年虽实现2.7%的增长，但仍低于预期。此外，世界贸易组织预计，2023年全球贸易额增长0.8%，相比2022年数据进一步大幅放缓。因此，为满足贸易往来的基础设施需求，港口、航道的建设市场规模收紧，疏浚行业的国际化竞争愈演愈烈。虽然在国内市场上，天航局在其所辖区域内有垄断优势，但在国际市场上，要面对来自世界疏浚公司的竞争，天航局国际市场竞争经验相对不足，而四大疏浚公司已经形成了适应国际市场要求的业务多元化体系。

　　天航局与四大疏浚公司对比，在资产总额、净资产、营业收入和总合同额等方面接近，但在利润和利润率、资产收益率、生产效率、全员劳动生产率、设备利用率等方面存在一定差距，技术发展也体现出不平衡的特点；国际市场贡献率较低，仅有24%；市场结构单一，依靠资源等规模性扩张，并未有战略性合作等手段；疏浚吹填、水工外的其他业务对企业收入增长贡献率较低（见表2-3）。

表2-3　2015年天津航道局与国际四大疏浚公司主要经济及能力指标对比表

能力分类	指　标	波斯卡里斯	杨德努	范奥德	德米	天航局
企业经营规模指标	资产总额（百万欧元）	6 605.35	4 741	2 798.8	3 149.8	3 765.11
	净资产（百万欧元）	3 721.91	2 635	1 046.78	1 143.86	1 157.7
	营业收入（百万欧元）	3 240.33	2 244	2 579	2 329	2 247.78
	利润（百万欧元）	562.8	264.54	239.821	217.601	180.06
	绞吸船总装机功率（千瓦）	81 240	233 750	123 937	131 770	327 312
	绞吸船绞刀功率比	0.175	0.202	0.198	0.193	0.111
	绞吸船利用率	75%	85%	81%	77%	44%
	耙吸船总舱容量（立方米）	203 552	330 870	256 629	211 102	87 000
	耙吸船利用率	83%	90%	77%	80%	73%
技术能力与品牌	无形资产（百万欧元）	533.28	1 120.58	54.928	12.378	37.68
	商誉（百万欧元）	489.385	9.74	73.87	18.732	—
融资能力	总负债（百万欧元）	2 883.44	2 106	1 752.02	2 005.945	2 607.41
	带息负债平均利率	3.42%	5.31%	5.5%	5.11%	4.85%
运营能力	总资产周转率（次）	0.52	0.5	1.01	0.77	0.57
	全员劳动生产率（百万欧元/人）	0.39	0.32	0.53	0.57	0.09
偿债能力	资产负债率	43.65%	44.42%	62.6%	63.68%	69.25%
	已获利息倍数	17.07	12.93	9.11	9.76	4.45
盈利能力	净利润（百万欧元）	440.2	265	169	200.677	140.39
	营业净利润率	13.59%	11.81%	6.55%	8.62%	6.25%
	EBIT（百万欧元）	563	372.4	239	269.2	232.24
	总资产收益率	7.03%	5.94%	6.65%	6.63%	3.58%
	净资产收益率	12.79%	10.54%	17.23%	18.74%	12.65%
发展能力	净利润平均增长率（2013—2015年）	20.75%	31.7%	19.92%	31.13%	16.3%
	营业收入平均增长率（2013—2015年）	1.78%	2.01%	15.45%	7.08%	8.79%

续表

能力分类	指　标	波斯卡里斯	杨德努	范奥德	德米	天航局
海外业务贡献	总合同额（百万欧元）	2 490	2 700	2 349	3 185	2 229.8
	海外合同额占比	56%	60%	68%	56%	24%
	海外营业收入（百万欧元）	2 600.1	740.52	1 753	1 560.43	133.36
	海外营业收入占比	80.24%	67%	68%	67%	5.93%
海外项目管理能力	海外工程毛利率	13.6%	11.8%	6.6%	11.3%	-0.29%

资料来源：龙登高，常旭，熊金武，等．国之润，自疏浚始：天津航道局120年发展史［M］．北京：清华大学出版社，2017.

4.国企改革宏观政策变化

党的二十大报告指出："深化国资国企改革，加快国有经济布局优化和结构调整，推动国有资本和国有企业做强做优做大，提升企业核心竞争力。""完善中国特色现代企业制度，弘扬企业家精神，加快建设世界一流企业。"2022年中央经济工作会议进一步强调要根据形势变化，以增强核心功能、提高核心竞争力为重点，谋划新一轮深化国有企业改革行动方案。国有企业是中国特色社会主义的重要物质基础和政治基础，国有企业高质量发展需要坚持"一个目标"，用好"两个途径"。坚持"一个目标"就是要做强做优做大国有资本和国有企业；"两个途径"一是提高核心竞争力，二是通过优化布局，调整结构来增强核心功能。①这也对天航局这样的国企提出了新的课题：优化产业布局，深化混合所有制改革，合理处置闲置资产；不断完善运行模式，优化改善企业管理运营体系，提高管理效率；结合自身优势，大力发展高竞争力产业；重视人才培养，提供优惠政策和措施，吸引国内外优秀人才；培养全球化视野，积极拓展国际市场，以国际标准衡量体系指导产品生产，提升产品质量；培养创新意识，发展优势产业，以创新实现产品增值。

---

① 国务院新闻办．国务院新闻办就"深入学习贯彻党的二十大精神 全面推进中央企业高质量发展"发布会［EB/OL］．（2023-02-23）［2024-01-15］．https://www.gov.cn/xinwen/2023-02/23/content_5743012.htm.

　　回到天航局自身，近年来，疏浚业务市场不景气，且市场竞争激烈，相关政策对此管控也比较严格。在这种形势下，天航局应不断扩大品牌影响力，在继承传统优势的基础上不断创造符合新时代市场的产品；同时，注重发挥比较优势，坚持主业，以取得跨越式发展的根基。

　　回顾天航局的发展历史，不难发现，20世纪90年代末的业务多元化战略，尤其是在非相关业务（低端服务业等）上的扩张，带来的是利润及利润率的下降；1949—1977年的专业化战略造成业务结构单一，资源未被充分利用，企业发展缓慢。业务多元化和专业化并不一定能有效提升天航局的竞争力和经营绩效，而是需要结合市场情况具体分析。在新时代，国家提出深化改革国企，坚持突出主业发展实体经济，做强做优做大国有资本，加快国有经济布局优化、结构调整和战略性重组。天航局在新形势下如何积极面对市场和环境变化，如何优化业务多元化战略，是必须关注与思考的问题。

第三章 中国水运建设企业治理的百年变迁

19世纪60年代的"洋务运动"乃中国工业化发轫之始，此后80余年间中国工业化都步履维艰。1949年后，中国工业化进入崭新阶段，并在30多年间基本建立了独立完整的工业体系。20世纪80年代以后，随着市场化改革，工业化与市场化协调发展，产业结构也更加合理，并取得了持续、稳定、高速的经济增长，创造了人类几百年来工业化最伟大的成就。恰如希克斯所言，工业革命不得不等待金融革命。此外，理解百年中国变迁需要从微观企业视角出发，而国有企业正是中国工业化历程的重要微观主体。

中国的工业化是在国家主导下实现的，国有企业是国家主导工业化的重要途径，是中国工业化的主力军。[1]尽管经济学领域基于对计划经济国家的国营企业和石油危机之后欧洲国企效率的反思，从产权[2]、政

---

[1]　霍尔兹，黄海莉. 中国国有企业万岁 [J]. 政治经济学评论，2015，6（3）：63-103.
[2]　[1] 姚洋. 非国有经济成分对我国工业企业技术效率的影响 [J]. 经济研究，1998（12）：29-35. [2] 吴延兵. 国有企业双重效率损失研究 [J]. 经济研究，2012，47（3）：15-27.

策性负担①、委托代理问题、偏向性政策②等角度，在一定程度上解释了国有企业在生产效率和创新效率等方面存在的损失③，但在工业化的不同阶段，国有企业有着不同的使命。中华人民共和国成立初期薄弱的经济基础和低下的人均收入水平决定了国有企业是工业化任务的执行主体。工业体系的建立的确伴生了效率低下等制约工业结构升级和工业化阶段演进的系列问题，因此，改革开放时期国有企业一改计划经济时期的旧面貌，成为合格的社会主义市场经济的主体，具备了较强的科研能力和国际竞争力。改革开放的历史表明，国有企业也可以转型为社会主义市场经济的主体，取得跨越式发展。

从计划经济体制向社会主义市场经济体制转型的核心之一在于国有企业的转型。"做强做优做大国有资本"的基本保障依然离不开国有企业治理，需要重新认识国有企业治理理论，尤其是值得深入挖掘中国国有企业治理的独特创新。

工业化不仅需要技术创新，也需要企业制度创新。传统自然人经营、"夫妻店"、家族制、合伙制等企业组织形式不断包容更多资本和更高技术含量的工业化。大国工业化历程往往伴随着革命性的企业组织制度创新。股份制、有限责任和独立法人代表的现代公司制度是理解英国19世纪工业革命的核心线索。④美国崛起背后离不开19世纪末托拉斯代表的大规模生产模式，通过确保一体化生产商有可靠的原料供应以及进入分散的各地市场，来达到规模经济。⑤百年中国工业成就离不开企业组织制度创新，国有企业组织制度创新也是解释中国经济发展内在逻辑的关键。时值第一个一百年，探究中国经济成就背后的微观企业治理势在必行。

国有企业治理是组织制度创新的核心，包括委托代理、激励机制

① LIN Y, CAI F, LI Z. Competition, policy burdens, and state - owned enterprises reform [J]. The American Economic Review, 1998, 88 (2): 422-427.
② 张天华，张少华. 偏向性政策、资源配置与国有企业效率 [J]. 经济研究, 2016, 51 (2): 126-139.
③ 洪功翔. 国有企业效率研究：进展、论争与评述 [J]. 政治经济学评论, 2014, 5 (3): 180-195.
④ GOETZMANN W N. Money changes everything: How finance made civilization possible [M]. Princeton, NJ: Princeton University Press, 2016: 318.
⑤ CHANDLER A, Scale and scope: The dynamics of industrial capitalism [M]. Cambridge, MA: Belknap Press of Harvard University Press, 1990.

和政企关系问题。经济学理论对企业治理分析的假设前提是市场体制完备，企业治理不需要考虑国内和国际政商关系。但对于大多数发展中国家来说，其企业不得不面对如何处理与本国和外国政府关系的问题。鉴于近代中国半殖民地半封建的国情，中国企业政企关系问题需要处理企业与外国势力关系。所以，百年中国企业治理事实上包括了委托代理、激励机制和政企关系三个问题。这就构成了中国国有企业治理创新的独特背景。卓有成效的国有企业治理应该让国家与企业构成命运共同体。中国国有企业治理创新正是在百年发展探索中实现的，政企关系恰恰是其中最核心的内容，逐渐形成了具有中国特色的国有企业治理体系。

清末以来，中国国有企业经历了从官员治理、官督洋办、公益法人、总工程师制度，到工厂管理委员会、"一长制"、"鞍钢宪法"，再到"事改企"、厂长（经理）负责制、现代企业制度建设、股改上市等阶段，摸索出了国有企业治理的中国经验。成立于1897年的天津航道局是缔造了中国疏浚行业奇迹的优秀企业，也是理解中国国有企业治理变迁的微观案例。本章节将以天津航道局（海河工程局）为例分析不同时期企业治理模式的变迁与特点，以期从长历史角度看中国国有企业变迁，进而厘清中国国有企业治理的特有逻辑。这不仅有利于理解中国经济奇迹，也为中国国有企业治理结构改革提供线索。

第一节　近代国有企业治理[①]

18世纪工业革命后，无论是老牌资本主义国家还是后发国家，在从农业文明向工业文明的转换中，政府都扮演了重要作用。中国近代工业化始于晚清洋务运动，富国强兵的国家利益与求发展的企业利益紧密结合在一起。扶植大财阀和兴办国有企业是两种可能的路径。清政府一方面扶持广州十三行和以胡雪岩、盛宣怀等为代表的官商参与全球化和工业化，另一方面直接创办新式洋务企业，以达到富强国家和强

---

①　熊金武. 中国国有企业治理的百年变迁：基于天津航道局的考察［J］. 企业史评论，2021（1）：254-280.

化国家治理的目的。

就企业治理方式而言，新式企业制度来源主要是西学东渐。公司制成为晚清重商思潮的焦点之一。公司制度通过外资企业、买办等渠道传入沿海通商口岸。1904 年《钦定大清商律》正式确立有限责任的公司制度，大量新企业采用了"厂""公司"等命名，公司制开始在近代中国确立。但是中国现代企业治理体系绝非简单的西学东渐。一方面，中国现代公司制度有中国传统渊源。山西票号、自贡盐商等都有股份制的存在，儒家伦理潜移默化地影响中国企业制度的形成和发展①，盐铁专卖代表的中国传统国有资本源远流长，并且作为一种传统一直发挥独特作用。另一方面，近代中国出现大量本土企业制度创新，是中国近代股份制企业资金运行中的本土特点。②国有企业与国家利益的一体性会受到多重利益集团的冲击，包括出资人、管理人和外国力量三个方面，使近代国有企业治理面临三重治理困境。

一、国有企业治理的三重困境

（一）管理人员缺乏激励

洋务企业皆由重要官僚来执掌大权，而一般"稽核""文案""委员"等职员主要由候补道台、知州、县丞、训导等官员担任。官员参与国有企业经营能够保证新式企业与国家战略基本一致。因此，政企不分，企业独立法人人格没有形成，有限责任制度也没有充分体现，委托代理问题和激励机制问题接踵而至。

第一，企业的性质不同于官僚机构，需要追求利润。但是在科层制下，官员没有激励追求经济利润，而是往往追求政治目的。

第二，官员的利益与国家的利益并不能保持一致。随着晚清中央政

---

① [1] 杜恂诚. 儒家伦理与中国近代企业制度 [J]. 财经研究，2005（1）：72-80；122. [2] 王玉茹，赵劲松. 亲族关系与近代企业组织形式：交易费用解释框架 [J]. 山西大学学报（哲学社会科学版），2010，33（3）：45-50.
② [1] 朱荫贵. 中国近代股份制企业的特点——以资金运行为中心的考察 [J]. 中国社会科学，2006（5）：178-190；209. [2] 张忠民. 近代中国公司制度中的"官利"与公司资本筹集 [J]. 改革，1998（3）：117-125. [3] 杜恂诚. 近代中国无限责任企业的历史地位 [J]. 社会科学，2006（1）：34-40. [4] 孙火军，熊金武. 中国近代银行业信用保证制度的演变——基于现代经济学原理的探索 [J]. 制度经济学研究，2013（1）：78-99.

府国家治理能力弱化，政企不分，让晚清依托官员的国企治理面临失控的局面，成为官僚集团寻租的渠道。官商往往在国家利益与个人利益之间很难取舍，或者授人以柄，或者假公济私。企业治理难以在国家利益与官僚利益之间取得平衡。

为了提高洋务企业效率，洋务运动后期出现了官督商办、官商合办、官督洋办、公益法人等多元治理结构。官督商办是近代中国解决企业治理问题的一大创新，通过股权让私人资本引进企业治理，激发民间的企业家精神。第一个官督商办的股份制企业是轮船招商局。徐润、唐廷枢等买办的企业家精神在轮船招商局发展中充分体现。民用洋务企业建设首先借重的就是江南绅商。①但是，部分洋务企业表面上具有近代股份制企业特征，能在短期内迅速筹集资金，不过其治理结构依然没有解决好企业家精神与政府、国家关系的问题。无论官办军工企业还是官督商办、官商合办企业，都是"官总其大纲"，有现代公司的皮，却没有现代企业的神。②政府对企业经营的直接干预打压了企业家精神。另外，管理人员逐渐掌握不加以约束的权力，不积极创新，反而牟求私利。如轮船招商局的广州、汉口、天津等分局长期控制在唐廷枢、盛宣怀姻亲等手中。③

（二）出资人的缺位

由于国家治理能力的弱化，国家出资人地位虚化，作为出资监管人的基层官僚和经营管理层追求私利，无法将企业利益与国家利益相统一。出资人不能正确履行职责，导致官僚、地方政府和外国势力分别填补了出资人缺位问题。

第一，官僚利益扭曲国家利益。轮船招商局"用人与营业之权悉归北洋大臣代表的官方所掌握"，官场习气、衙门习气等被带进了招商局，贪污浪费、滥用亲信等，负责人将企业作为追求政治前途的跳板。④

---

① 朱浒. 从赈务到洋务：江南绅商在洋务企业中的崛起［J］. 清史研究，2009，73（1）：65-82.
② 蔡永明. 洋务企业的近代股份制运作探析［J］. 中国社会经济史研究，2003（4）：86-91.
③ 谢世诚. 晚清吏治的腐败与洋务运动的失败［J］. 南京师大学报（社会科学版），2001（6）：45-49；122.
④ 张后铨. 招商局史：近代部分［M］. 北京：人民交通出版社，1988：93-94.

第二，地方政府利益扭曲国家利益。企业发展需要国家提供一个比较稳定的契约环境，于是在北洋时期，纵然再有企业家精神，也难以在国家衰落中苟全。一方面，北洋时期中国统一的国内市场在军阀割据中被打破。另一方面就是国有资产地方化。各种军阀发展地方国有经济，事实上支撑了军阀割据经济，企业经营被利益集团把控。从整体上，国家利益与企业利益的统一性在地方官僚利益的冲击下有所分离。

（三）外国势力干预

外国势力追求自己的利益，却不一定与中国国家利益一致。一些受到外国势力干预的国有企业就面临更大的困境。海河工程局就是典型代表。

二、海河工程局的治理结构变迁

近代世界贸易主要通过水路，而港口、航道等设施是基础。随着蒸汽动力轮船吃水不断加深，海河、黄浦江自然水深不能满足需求，淤沙导致轮船不能进港。于是，在19世纪八九十年代，两地外商、税务司和外国领事纷纷表达疏浚的意愿，甚至有洋商愿疏浚海河，承诺"只须十万金即可包揽"[①]。清政府鉴于疏浚需要投入大量经费，华商船舶吃水浅，且能让外国军舰远离陆地，所以迟迟不愿疏浚。1882年，清政府购买了"安定"号挖泥船，上海道台委派"管带"。但是挖泥船故障频发，效率低下，从1889年5月12日至1891年6月27日，仅挖泥15万立方米。[②]1897年，洋人倡议并提出了技术方案、工程方案、融资方案，北洋大臣王文韶经与领事团代表、天津洋商总会、津海关税务司等会商，获得总理衙门的核准和光绪皇帝的批示，成立海河工程局。[③]海河工程局一开始是官督洋办，清政府任命洋总工程师，全权负责统管一切生产、运营、管理工作。[④]

---

① 佚名. 工事：海河待濬（录直报）[N]. 集成报，1897-3（46）.
② 上海航道局局史编写委员会. 上海航道局史（1905—1988）[M]. 上海：文汇出版社，2010：8.
③ 龙登高，龚宁，孟德望. 近代公共事业的制度创新 [J]. 清华大学学报（哲学社会科学版），2017，32（6）：170-182；197.
④ 伊巍，龙登高，王苗. 洋总工程师负责制与近代航道疏浚业 [J]. 安徽师范大学学报（人文社会科学版），2018，46（4）：82-89.

外国政府对中国经济的干预，对企业治理产生了直接影响。1900年，八国联军在天津建立的都统衙门接管海河工程局，导致出资人缺位，并在工程局治理中虚化。海河工程局的性质转向更加符合利益相关各方的"公益法人"，限制在天津开展疏浚业务。另外，《辛丑条约》"约定中国国家应允襄办改善北河、黄浦两水路"，附件十七和十八就是中国改善水路河道的计划。海河工程局不是通过政府去提供公共产品，而是由一个公益法人去提供这个公共产品，然后形成了各方利益的协调机制。所有权主体极端弱化，而经营者的自由度更大，于是以总工程司负责制为代表的专家治理成为可能，反而在短期内有大幅的效率提升。

1906—1936年海河工程局工程量如图 3-1 所示。

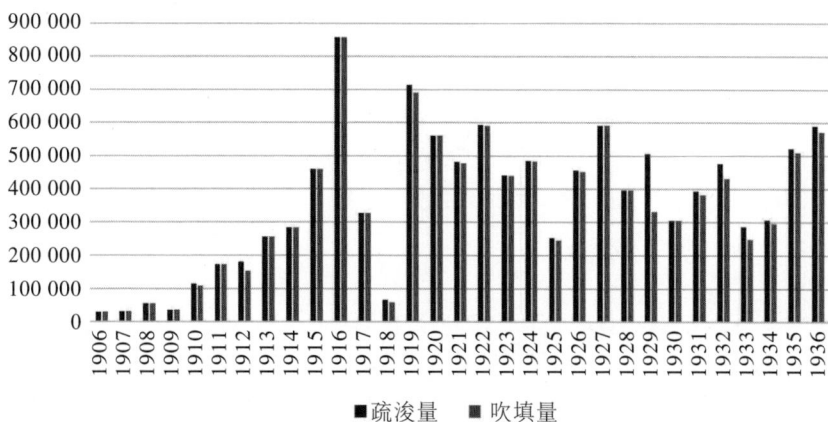

图 3-1　1906—1936年海河工程局工程量（单位：立方米）

资料来源：根据海河工程局内部的外文原始档案"Hai-Ho Conservancy Commission Report"中1910—1936年的数据进行了整理、汇总。可参考：龙登高，常旭，熊金武，等. 国之润，自疏浚始：天津航道局120年发展史［M］. 北京：清华大学出版社，2017：45.

外国力量对企业治理的干预是海河工程局治理的突出特点。

首先，在技术上的掌控。现代疏浚技术主要向西方学习，所以从引进"安定"号挖泥船开始，外籍专业人才担任技术顾问或技术干部。海河工程局长期聘请林德、古伊吞、品爵尼、哈德尔、崔哈德等担任总工程师，本土技术人才培养长期滞后，导致疏浚技术长期掌握在洋人手里。不过，抗日战争之后大量外籍员工开始离开中国。

其次，在管理上的控制。早期海河工程局归天津海关道台、津海关税务司、首席领事、林德等管理，随后组建海河管理委员会，在八国联军占领天津时期落入外国人手里，而后洋人长期掌控海河管理委员会。在抗日战争时期，日本人也控制了海河工程局。在这种情况下，中外员工待遇差异巨大，出现了罢工浪潮。[①]后来随着民族主义上升，"归中国自行管理"被认为是解决之道。[②]抗日战争胜利后，海河工程局终归国民政府华北水利委员会管理，不过崔哈德等部分外籍技术人员在1949年才离开海河工程局。[③]外国人对中国企业的干预在浚浦工程总局也很明显。浚浦工程总局"总工程师""工程师""总监工""工程秘书"等职位均由外籍专业人员担任。浚浦工程总局的顾问局凌驾于局长之上，成为最高决策机构，不仅地方政府管不着，而且中央政府难以过问，实际上是"带有国际共管性质的机构"。[④]

1912年海河工程局的组织结构图如图3-2所示。

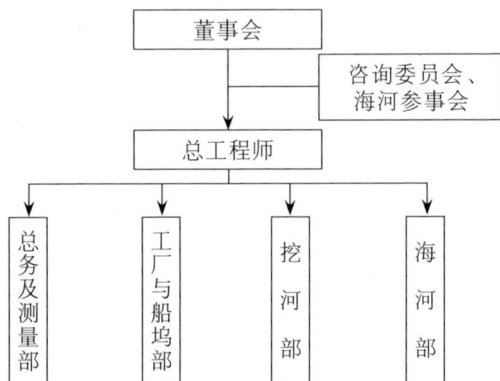

图3-2 1912年海河工程局的组织结构图

资料来源：龙登高，常旭，熊金武，等. 国之润，自疏浚始：天津航道局120年发展史 [M]. 北京：清华大学出版社，2017：19.

---

① 佚名. 天津市海河工程局职工会宣言 [J]. 华北水利月刊，1931（6）.
② 佚名. 收回海河工程局此其时矣 [N]. 新闻周报，1931-08-23.
③ 20世纪50年代，苏联专家对中国水运建设事业提供了指导。参见：孙大光. 苏联专家帮助我们改变了海运事业的面貌 [M]. 北京：生活·读书·新知三联书店，1953：71-72.
④ 上海航道局局史编写委员会. 上海航道局史（1905—1988）[M]. 上海：文汇出版社，2010：33.

可见，在近代中国半殖民地半封建社会背景下，国有企业治理也不一定掌握在中国人手里，抗战胜利后海河工程局的治理结构才有独立性。

三、发达国家资本

1940 年的《特种股份有限公司条例》和 1942 年的《特种股份有限公司条例实施办法》支持成立由政府机关组织、本国人或外国人认股的股份有限公司，于是 1945 年后中国国有企业进行了公司化改造。但是这些国有企业虽然"以企业化为准绳，尽可能采公司组织"，但是许多公司仅有公司之名，内部治理结构不完备，[①]甚至在"节制资本"思想的支持下，出现了国有企业的行政化倾向。海河工程局在 1945 年 8 月被天津党政接收委员会接收，随后按照 1946 年和 1948 年《海河工程局组织条例》被纳入行政体系内，施行机关制，"置局长一人，简任，综理局务，并指挥监督所属职员……局长下设三科，设置技术主任一人"。虽然外国总工程师更名为技术主任参与企业组织，但是企业最高领导已经是技术性行政人员。这一方面弱化了工程师治理，让企业的发展与国家发展战略二者统一起来，另一方面海河工程局成为国家机关，重新形成科层制纳入行政体制。国有企业治理问题恍如回到了官员治理的原点。例如，1945 年前海河工程局长期受到外国人节制，不能独立进行国有企业治理结构探索，不过通过 20 世纪上半叶民族主义运动和抗战胜利，海河工程局回归中国人管理，不再受制于洋总工程师。但是，1945—1949 年海河工程局的治理基本逻辑是归到了官员管理的路径，并没有有效解决激励机制和委托代理问题，衍生出了官僚资本主义的弊端。1946 年海河工程局组织结构图如图 3-3 所示。

---

① 魏淑君. 中国有限责任公司法律制度的历史解读——以国企公司化的百年变迁为视角 [J]. 法制与社会发展，2010，16（5）：128-136.

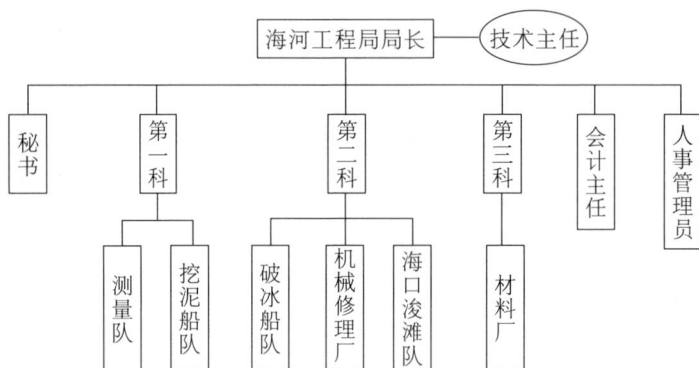

图 3-3　1946 年海河工程局组织结构图

资料来源：根据《海河工程局组织条例》绘制。参见：杨济菡. 海河工程局（处）企业治理转型研究（1945—1952）[D]. 北京：中国政法大学，2018.

第二节　计划经济时期的企业治理

1949 年后的计划经济体制构建了企业行为与国家行为有机统一的举国体制，制度的核心就是强化中央政府对企业经营的干预，构建中国共产党对企业的领导。一方面，解决分散利益集团对国有企业的瓜分；另一方面，实现政府对企业经营的直接干预，构建国营企业，企业失去经营自主权，产供销等都由计划经济体制配置。国有企业治理的核心就是如何把握党政关系和企业经营自由权。

一、党的领导

中国共产党对企业的领导是 1949 年企业治理的主要特征。1949 年1 月，海河工程局经过军代表接管移交给华北人民政府华北水利委员会，更名为海河工程处。接管之初有 2 名中国共产党党员、5 名中国新民主主义青年团团员。1950 年 7 月 20 日，中国共产党海河工程处总支委员会成立，海河工程处主任赵朴任书记，在组织结构上，技术工程师不再是企业最高领导。

中国共产党对企业的领导早期主要通过工厂管理委员会。1949年 11 月，海河工程处成立了总管理委员会，在修理厂、浚挖队和工区成立了分管理委员会。①管委会是实现民主的最高形式，是工人当家作主的方式，是吸收群众意见依靠群众增加生产改进工作，领导工人同志们从民主管理的理论学习结合到实际的行动。②工厂管理委员会由党政工团负责人、工程师和工人代表组成，定期召开会议，下发会议提纲，征求职工的意见，会后向职工传达会议精神。1957年，职工代表会议改名为职工代表大会，职工代表大会采取常任制。③1957年，在首届职工代表大会预备会议上，海河工程处党委书记赵朴指出，"在企业中一方面要加强党的集体领导和实行党委统一领导下的厂长负责制；另一方面要进一步贯彻群众路线，推行职工代表大会制度"。1958年2月24日，《疏浚公司职工代表大会修改条例》被通过。④职工代表大会是国营企业民主管理的基本形式，是职工行使民主管理权力的机构。不过，这个时候中国共产党对企业的领导已经确立。1957年3月，中国共产党疏浚公司党委会成立，赵朴任党委书记兼经理。行政领导和党领导一肩挑在20世纪50年代有力保证了中国共产党对国有企业的领导。中国共产党的领导与行政领导和技术领导尽可能统一协调起来。

加强基层党组织建设是细化中国共产党的领导的关键。1958年，中国共产党天津航道局党员达到375名。1958年4月，中国共产党天航局第一次代表大会召开，完善基层党组织建设。1964年2月9日，交通部政治部正式批复天津航道局设立政治部，新港航道处设立政治处。大型自航程耙吸船设政委，"塘沽四号"船组、海测队设政治指导员，船舶检修厂和大杨庄农场设党支部。中国共产党的领导建到了车间里和施工船上，体现了强大的组织能力。

党的二十大报告指出，要"增强党组织政治功能和组织功能。严密的组织体系是党的优势所在、力量所在"。20世纪50年代，海河工程处

① 修理厂民主管理专题总结［A］. 天津航道局档案：行政永久，1951-1：14-98.
② 浚挖队成立管理委员会总结报告（1949年12月30日）［A］. 天津航道局档案：行政永久，1949-10：7.
③ 蔡禾，李晚莲. 国有企业职工代表大会制度实践研究——一个案例厂的六十年变迁［J］. 开放时代，2014（5）：43-53；5.
④ 疏浚公司职工代表大会修改条例（1958年2月24日）［A］. 天津航道局档案：行政永久，1956-24：25-27.

大力推进党建工作，注重从青年和产业工人、农民、知识分子中发展党员，加强和改进党员特别是流动党员教育管理，落实党内民主制度，保障党员权利，激励党员发挥先锋模范作用，体现了中国共产党的全面系统领导，推动了企业的发展。

二、一长制

中华人民共和国成立初期，国有企业经营管理制度主要是向苏联学习"一长制"，由厂长领导、负责企业内生产经营管理。实际上早在革命根据地时期，公营企业已实施过带有"一长制"性质的厂长负责制。1954年4月，华北局作出《关于国营厂矿中实行厂长负责制的决定》，天津市委即组织了各工业局和重点厂党委的负责人进行学习讨论，贯彻厂长负责制。[①]1954年7月，根据交通部航务工程总局批复，疏浚公司在所属厂、队一级推行"一长负责制"。实行"一长负责制"后，党委保障和监督国家计划的完成；在生产技术方面，党委和队、厂长意见不一致时，一般都按队、厂长的意见执行，但党委要向上级党委报告，只有上级指示修正，才能改变队、厂长的决定。为保证一长负责制的顺利实施，疏浚公司在疏浚队进一步明确了队长、组长（船长）及各个岗位的责任，强调了各自的职权范围。1954年疏浚公司组织结构图如图3-4所示。

显然，"一长制"强化了管理层的权力，但是有诸多的问题。从权力结构上看，"一长制"存在国有企业的经营与中国共产党的领导的一致性问题，而此时工会完全处于中国共产党的领导下，即该一致性问题的主体双方是管理层与劳动工人。"一长制"由于强调企业行政负责人是企业的全权领导者，企业党组织对生产行政工作的职责只能是保证和监督，实际上把企业的行政领导与党的领导对立起来，否定了企业党组织对于企业生产行政工作的领导，使党组织处于从属的地位，权力结构并不合理。"一长制"符合苏联式计划经济体制，企业不存在独立自主的生产能力，产权结构同样不合理。两者叠加，该时期的政治制度环境对企业绩效会产生负向影响。

---

① 孙泽学. 认同·争议·命运——共和国初期国营企业实施"一长制"述论［J］. 史学月刊，2017（10）：73-80.

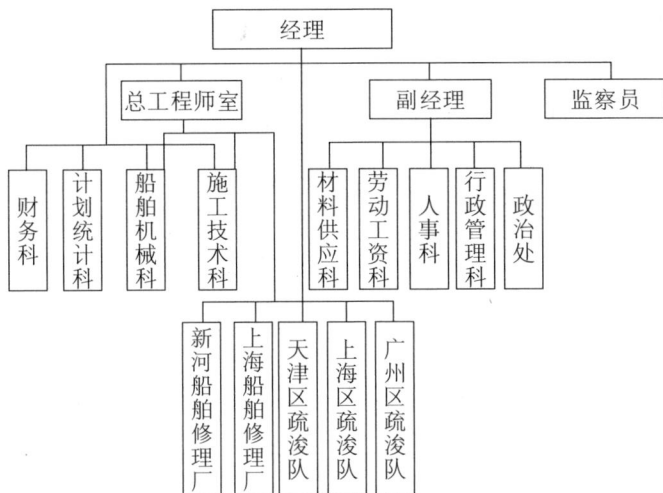

图3-4 1954年疏浚公司组织结构图

资料来源：疏浚公司及所属厂队1954年组织系统表（1954年4月）[A]．天津航道局档案：行政永久，1954-41-1：3-9.

三、"鞍钢宪法"

1956年，党的八大提出"应当建立以党为核心的集体领导和个人负责相结合的领导制度"，正式宣布党委领导下的"厂长分工责任制"取代"一长制"，党的领导和党组织在企业运营过程中的干预越来越显得重要。但是如果一味强调政治性，企业非生产性职能过分彰显，对企业长期发展是不利的。1960年3月，毛泽东提出以苏联经济为鉴戒，强调实行民主管理，干部参加劳动，工人参加管理，改革不合理的规章制度，工人群众、领导干部和技术人员三结合，即"两参一改三结合"的"鞍钢宪法"。1961年，《国营工业企业工作条例（草案）》（简称"工业七十条"）发布试行，正式确认"两参一改三结合"管理制度，并建立党委领导下的职工代表大会制度。"两参一改三结合"的关键就是党的领导与党的正确领导。政策性负担引发了国有企业经营的道德风险，导致了国有企业的低效率。[①]

1973年天津航道局组织结构图如图3-5所示。

---

① 林毅夫，李志赟. 政策性负担、道德风险与预算软约束 [J]. 经济研究，2004（2）：17-27.

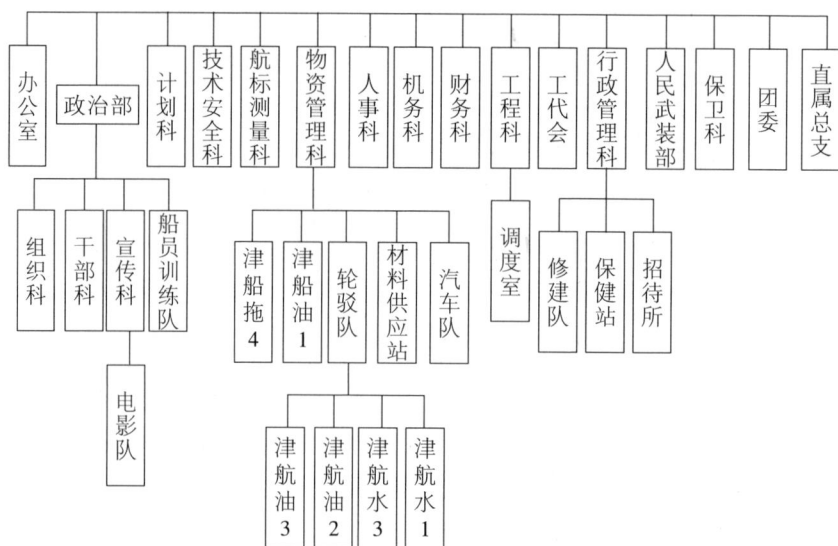

图3-5　1973年天津航道局组织结构图

资料来源：关于调整组织机构的通知［A］．天津航道局档案：行政永久，1973-4：11-12．

　　一个极端情况就是在"文化大革命"中，党和企业的领导一度受到冲击。党组织受到冲击，构建了革命委员会制度和军代表制度。1972年，中国共产党天航局核心小组成立，成为党领导企业经营管理的核心。①1973年11月21日至25日，中国共产党天航局第三次代表大会召开。1973年12月12日，基层党组织改选，自上而下地恢复和健全了党的组织。天航局实行支部领导下的船（厂、队）长负责制，强调"党必须领导一切"，支部领导常常陷于繁杂的日常事务而无暇顾及党的工作。因此，在20世纪70年代整顿期间，天航局明确了支部领导下的船长负责制的内容，以及支部书记和船长各自的职责，从而对理顺支部与行政的关系、加强党的保证监督发挥了积极作用。1972年，《关于加强企业管理的意见》提出："把整顿和加强企业管理工作当作一项重要任务抓起来，迅速改变企业管理混乱，无章可循，有章不循，纪律松弛，技术荒废，工程无预算，消耗

――――――――
　　① 关于建立中共天航局核心小组的通知［A］．天津航道局档案：行政永久，1972-13：14．

无定额，经济无核算和设备利用率低的放任自流现象，切实做到数量多、效率高、质量好、成本低。"①

计划经济时期确立了党对企业的领导，实现了国有企业与国家利益的一致性问题，举国体制体现了勃勃生机。但是，由于计划经济体制下企业经营没有自主权，国有企业的企业家精神没有能够充分发挥。同时，国企改革由于受到"一大二公""一平二调"等思维桎梏，陷入"放—乱—收—死"的怪圈之中。②这种治理结构虽然强化了企业利益与国家利益的一致性，但是没有发挥企业内在的积极性，企业经营者失去了经营自由，全要素生产率大幅度波动，整体趋势是计划经济时期全要素生产率不断下降。

第三节　社会主义市场经济体制下的国企治理现代化

相比于计划经济时期赶超战略下企业缺乏自主能力，改革开放主要在于发挥企业比较优势，让国有企业能够在社会主义市场经济体制下自生发展，③成为合格的市场主体。1979—1997年，天航局从交通部下属事业单位转型为交通部下属企业，建立了公司制度。1998—2005年，天航局完成政企分离，成为中国港湾集团子公司，尝试建立现代企业制度。2005年至今，天航局成为上市公司中交集团的二级子公司。企业治理结构从按照行政计划配置转为按照社会主义市场经济体制配置，构成了社会主义市场经济的主体，国有企业领导体制形成了中国共产党对国有企业的领导与现代企业法人制度的有机结合。

一、扩大企业经营自主权

1978年12月，邓小平提出："应该让地方和企业、生产队有更多的

---

① 关于加强企业管理的意见 [A]. 天津航道局档案：行政永久，1972-20：14-23.
② 陈庆. 新中国国企改革思想的演进 [D]. 上海：上海社会科学院，2015.
③ 林毅夫，刘培林. 自生能力和国企改革 [J]. 经济研究，2001（9）：60-70.

经营管理的自主权。"①1979年7月，国务院下发《关于扩大国营工业企业经营管理自主权的若干规定》及相关文件，正式推广全国性的扩大企业自主权改革。"放权让利"使得企业经营者获得了运用资源和追求利润的自主权，恢复和改进党委领导下的局长负责制，激发企业竞争活力。1980年，天航局由差额预算的事业单位实现企业化管理。1982年，中共中央、国务院发布了《关于国营工业企业进行全面整顿的决定》，要求用两三年的时间对所有国营工业企业进行全面的整顿。交通部将天航局列入整企范围。1982年2月，天航局成立了整企领导小组和整企办公室，先后下发了《天津航道局关于全面整顿企业的初步意见（讨论稿）》《天津航道局全面整顿综合治理规划》，把企业各项工作都纳入企业整顿的轨道。1984年，天航局撤销政治部，计划处改为综合计划处，撤销总工程师室，成立科技处，撤销定额预算处，成立审计室。这就为社会主义市场经济主体构建奠定了基础，使企业基本适应市场化转型，有了一定的市场活力。

二、局长负责制

改革开放时期，西方企业制度再次在中国传播，集中体现为传统的国有企业通过公司化改革成为规范的公司制企业，建立起现代企业制度。1986年、1988年，我国相继颁布了《中华人民共和国外资企业法》《中华人民共和国中外合作企业法》《中华人民共和国私营企业暂行条例》，均将有限责任公司作为主要的经济组织形式规定下来，并成为外资企业和私营企业发展的主要形式。1986年，我国实行"事改企"，天航局成为自主经营、独立核算、自负盈亏的经济实体。这事实上构建了独立法人资格，成为社会主义市场经济的主体。为贯彻中央的精神，天航局开展了一系列企业治理的改革，包括明确党委的核心领导地位、建立局长负责制、建立职工代表大会制度、改变干部聘用制度等，其中核心改革为局长负责制。从1985年起，天航局按照中共中央1984年《关于经济体制改革的决定》中企业必须实行厂长（经

---

① 邓小平. 解放思想，实事求是，团结一致向前看［M］//邓小平. 邓小平文选：第2卷. 北京：人民出版社，1994：143.

理）负责制的要求，在下属第一航道工程处和船舶修理厂进行处长（厂长）负责制试点，同时构建天航局法人体系；从 1987 年 1 月起，将第一、二航道工程处改为第一、二疏浚公司，进行工商登记，取得法人资格，实行厂长（经理）负责制。1988 年的《中华人民共和国全民所有制工业企业法》规定"企业实行厂长（经理）负责制"，从法律层面肯定了这种改革。1988 年，交通部同意天航局实行局长负责制，《天津航道局局长负责制实施细则》明确"局下属公司（处、厂、所、学校），公司下属的船队、船舶实行行政首长负责制，逐级对上级负责"。1990 年的《天津航道局企业章程》确立了局长在企业生产经营指挥中的中心地位和作用，基本形成了以局长负责制为主体，同时体现党委的政治核心地位、保证监督作用以及职工民主管理的企业治理结构。天航局在二级单位实行经理（处长、厂长、校长、所长）负责制的基础上，1991 年 6 月下发了《关于实行船长负责制的通知》，决定在局属各单位船舶和陆地单位实行厂长（队长）等行政领导负责制，由此从制度上确定了局长在企业的中心地位。[①]要想将 20 世纪 80 年代以来放权让利的产权改革进一步深化，必须约束行政权力，规范政府行为，改革国有企业制度中的政企关系。[②]

三、承包制

承包制是一种层级制的产权安排，即由下一级所有者在交付定租或分成租的条件下，从上一级所有者处取得承包期间的剩余控制权，并对扣除租金后的经营结果享有剩余索取权。种种形式的承包制的实行都使得企业的激励机制获得不同程度的改进。[③]1984 年，天津航道局颁发了《天津航道局直属单位经济责任制实施办法》，明确了局属各单位的经济责任。局下属工程处为局内核算单位，实行独立核算，自负盈亏，所得利润按一定比例留成，亏损不补。1984 年 7 月，"津航浚 106"轮承担了

---

① 龙登高，常旭，熊金武，等. 国之润，自疏浚始：天津航道局 120 年发展史［M］. 北京：清华大学出版社，2017.
② 韩朝华. 明晰产权与规范政府［J］. 经济研究，2003（2）：18-26；92.
③ 刘小玄. 国有企业与非国有企业的产权结构及其对效率的影响［J］. 经济研究，1995（7）：11-20.

第一份工程承包合同。1985 年，天航局在单项工程承包的基础上，进一步完善了承包合同。合同内容除工程量和质量外，还将安全、设备状况和其他经济指数都列入了承包合同中。1984 年，天航局实行百元产值工资含量包干，改变过去按人头核定工资总额，使企业的工资总额随产量高低和经济效益好坏而浮动，从百元产值中按工资含量系数提取一定比例为企业工资总额，其系数由上级主管部门核定后企业自行分配。1985 年 6 月，天航局制定了《天津航道局疏浚部分实行百元产值工资含量包干的实施办法》。

1988 年，国务院发布《全民所有制工业企业承包经营责任制暂行条例》，之后，不仅天航局与下属单位签订了《1989 年度承包经营合同》，而且各公司、厂与下属的船队、船、作业队、车间签订承包合同。1988 年，天航局与下属单位分别签订资产经营责任书，从而取代了以往的承包经营责任制。局属各单位内部承包经营责任制主要是以降低成本、提高效益为核心。虽然承包制激发了企业经营积极性，扩大了企业经营自主权，但是承包经营者与国有企业利益并不能一致，承包经营者自身的素质差异也导致承包制下效率参差不齐。大型企业规模效应是提高企业效率的重要因素，承包制下国有企业化整为零，事实上不利于发挥企业规模效应。于是，承包制不仅出现了腐败、国有资产流失的情况，而且将已经内部化的交易成本再次凸显出来，事实上增加了企业经营成本。[①]因此，承包制不是国有企业改革的目标模式。

四、现代企业制度

1992 年《全民所有制工业企业转换经营机制条例》和 1994 年《国有企业财产监督管理条例》明确进一步完善国有企业经营体制。国家体改委颁布《有限责任公司规范意见》《股份有限公司规范意见》，全国人大常委会通过《中华人民共和国公司法》明确了公司制。党的十四届三中全会审议通过的《中共中央关于建立社会主义市场经济体制若干问题

---

① 周叔莲. 我国企业管理的现状和对策［J］. 管理世界，1991（1）：152-159；225.

的决定》明确国有企业改革方向为建立"产权清晰、权责明确、政企分开、管理科学"的现代企业制度。党的十五大报告提出，要把国有企业改革同改组、改造、加强管理结合起来，要着眼于搞好整个国有经济，抓好大的，放活小的，对国有企业实施战略性改组。1998年3月，天航局与交通部脱钩，划归中国港湾建设（集团）总公司，并在天津市工商行政管理局进行变更注册登记。相比于承包制，股份制更加适用于天航局这种具有竞争性的大中型企业，能够更明确地规定企业与政府之间的权责界限。1999年，根据《中共中央关于国有企业改革和发展若干重大问题的决定》，天航局重点抓了削枝精干、主辅分离和机关精简。下属企业法人单位由1998年的35个精简至2006年的7个。2006年10月，随着中交集团整体上市，天津航道局更名为中交天津航道局有限公司，完成现代企业治理体系转型。现代企业治理体系让国有企业具有独立法人地位，在企业经营中具有了更强的自主权，体现了更好的激励机制。

五、坚持和加强党的领导

党领导企业必然需要处理党政领导关系问题。1986年，中共中央、国务院颁发的《关于认真贯彻执行全民所有制工业企业三个条例的补充通知》确立了局长负责制。1989年后，我国坚持和完善厂长（经理）负责制，强调充分发挥企业党组织的政治核心作用。在20世纪90年代股份制改革后，党委会、职工代表大会和工会通过法定程序进入法人治理结构，即股东会、董事会、监事会"新三会"。党委书记兼任董事长、党的纪委书记兼任监事会负责人等安排便于党的政治核心作用得到较充分的发挥。2017年，《国务院办公厅关于进一步完善国有企业法人治理结构的指导意见》提出健全以公司章程为核心的企业制度体系，完善符合社会主义市场经济的基本规律和我国国情的国有企业法人治理结构。国企党组织发挥了政治核心作用，党委参与公司重大决策，纪委负责检查和监督高管廉洁从业。当纪委参与监事会、总经理是党员、企业是央企时，纪委参与治理能更有效抑制高管的非货币性私有收益。[①] 中交集团的企业长期从业务干部中提拔党组织领导，有利于实现党的领导与企业经营的有机结合。为了在现代企业制度中强化党的领导，双向进入、交叉任职，发挥国企党组织领导核心和政治核心作用。[②] 事实上，党的领导让国有企业经营者与国家利益保持了高度的一致性，解决了委托代理问题，构成了中国国有企业治理独特的内容。

在中国特色国有企业治理体系下，天航局在公司化、市场化、国际化中进一步释放生机，取得了业绩的快速增长，完成国家重大战略工程。2015 年，中交疏浚（集团）股份有限公司整合中交天津航道局、中交上海航道局和中交广州航道局业务，现为全球规模最大的疏浚公司，与国际四大疏浚公司相比伯仲之间，成为国际疏浚行业的有力竞争者。党的十八届三中全会提出国有企业改革应该以管资本为主和发展混合所有制，将国有企业治理从企业层面提升到资本层面，[③] 超脱所有制，实现不同资本的融合，为中国国有企业治理提供了新的契机。

第四节　国有企业治理的中国经验

今天，要实现中华民族伟大复兴，我们需要找到中国经济发展的历史方位，然后从中找到中国国有企业的发展方位。国家崛起的背后是企业崛起。作为后发经济国家，面对几乎成形的全球产业链，中国企业如何才能融入呢？通过"三来一补"等形式，中小企业作为国际大企业的配套企业，融入了全球产业体系。但是随着中国融入全球产业的深入，中外企业竞争成为必然。如果期待小企业逐渐做大到与国际企业竞争，过程很漫长，且容易受到国际企业的打压。面对全球市场保护主义和单边主义抬头，国际市场风险聚集，能够

① 陈仕华，卢昌崇. 国有企业党组织的治理参与能够有效抑制并购中的"国有资产流失"吗？[J]. 管理世界，2014（5）：106-120.
② 钱颖一. 企业的治理结构改革和融资结构改革 [J]. 经济研究，1995（1）：20-29.
③ 陈清泰. 资本化是国企改革的突破口 [J]. 中国金融，2016（4）：17-20.

参与国际竞争的企业必然符合社会主义市场经济的要求。事实上几百年来，世界各国在工业化和全球化中都是政府支持本国企业的快速壮大。其主要路径有两种：第一种是特许经营下的大型财阀。东印度公司最开始也是特许经营权，日本、印度尼西亚、美国都是如此。第二种是国有企业。国有企业在苏联、战后欧洲等区域经济崛起中发挥了积极的作用。相对于日本、韩国扶持官商和财阀，苏联解体后形成低效寡头经济，国有企业就成为中国政府的重要选择。因为苏联解体后国有企业被私有化，不能发挥苏联完整产业链的规模效应，所以私有化并不能完成现代企业治理的问题。国有资本与民营企业协同做强做优做大，才能与世界发达国家的企业竞争。中国特色国有企业治理结构就是核心竞争力所在。

回首中国百年国有企业发展历程，我们不难看到，国有企业治理结构变革让国有企业在社会主义市场经济中大放异彩，对中国工业化进程发挥了积极的作用。这个事实让我们不得不反思西方国有企业理论，重新认识国有企业。

首先，国有企业不等于低效率。世界各国经济体系中基本都有国企，用于控制涉及国家安全、经济命脉的行业。国企通常需要接受肩负社会责任与促进经济效率的双重绩效评价，既要评价其经营效率的高低，也要观察其是否体现了国家意志和人民的整体利益要求。[①]中国式的国有企业尤其侧重社会责任的承担，即使按照一般的经济指标，国企的市场效率也不低于同行业的其他企业。[②]国有企业作为承担国家战略的载体，具有高度的凝聚力和执行力。这种国家战略行为在央企中体现得淋漓尽致。在高铁、港口、能源等行业，工业化不仅不排斥国有企业，反而需要国有企业在国家战略性基础设施工程等方面发挥积极作用。

其次，国有企业不等于排斥市场。获得真正的市场主体地位是国企公司化改制成功的保证。国有企业不能依靠行政垄断取得优势，而

---

① 金碚. 论国有企业改革再定位 [J]. 中国工业经济，2010（4）：5-13.
② 朱安东. 破除国有企业低效论——来自混合经济体的证据 [J]. 政治经济学评论，2014，5（4）：140-164.

是应该从市场竞争中壮大。中国国有企业已经成为非常成熟的市场主体，不仅在国内市场上与民营企业、外资企业合作竞争，更重要的是在全球化时代走向世界市场。规模庞大的市场和国内外竞争对手使得中国国企不得不更强。[①]相对于发达国家强大的现代企业集团，中国国有企业还不够强大，需要进一步做强做优做大，在国际市场竞争中进一步壮大。

中国国有企业治理创新构成了解释中国经济奇迹的微观基础，也是中国特色企业理论的一部分。

第一，建立现代企业制度是国有企业治理结构的基础。解决国有企业委托代理委托基础就是建立现代公司法人，发挥大规模企业集团的效率。坚持企业独立法人和社会主义市场经济主体地位。

第二，坚持党的领导，把党的领导融入国企治理。党的领导是全面的、系统的、整体的，必须全面、系统、整体加以落实。健全总揽全局、协调各方的党的领导制度体系，完善党中央重大决策部署落实机制，确保全党在政治立场、政治方向、政治原则、政治道路上同党中央保持高度一致，确保党的团结统一。一方面，发挥企业党组织的领导核心和政治核心作用，保证党和国家方针政策、重大部署在国有企业贯彻执行，让国有企业与国家战略紧密联系起来，形成合力；另一方面，党的支部建在每一个车间，自下而上地贯穿整个国民经济细胞，调动每一方面的积极性，有利于形成强大的资源整合能力。坚持党的领导是我国国有企业的独特优势。没有党的领导，国有企业可能如晚清一样成为官员中饱私囊的机构。同时，党对企业的领导亦讲究方式、方法。党的领导需要与业务领导确定边界，否则重蹈计划经济时期的覆辙。党对国有企业的领导是政治、思想、组织的有机统一，需要明确和落实党组织在公司法人治理结构中的法定地位，调动国有企业领导、员工的全面积极性。

第三，发挥国有企业领导的积极性也是党领导下国有企业治理的关键。计划经济时期政企不分，导致企业不能成为市场主体，不能发挥企

---

① 文一，佛梯尔. 看得见的手：政府在命运多舛的中国工业革命中所扮演的角色［J］. 经济资料译丛，2017（2）：1-42.

业经营积极性。企业家精神不仅是指民营企业的企业家精神，还包括国有企业的企业家精神。发挥国有企业领导的积极性需要构建国有企业领导的激励机制，不仅包括物质激励，也包括在科层制下的政治激励机制。在社会主义市场经济体制下，国有企业的企业家精神更需要合理的激励，在党委领导下发挥国企领导人的企业家精神。中国在改革开放进程中不断释放企业家精神，培养市场主体，让国有企业领导带领中国的企业、中国的国家资本在国际市场中不断发展壮大。完善的企业制度是国有企业效率的基础，党的领导是保证党和国家重大方针政策在企业中得以贯彻执行的关键，党的领导融入企业治理结构就是中国国有企业治理结构的独特之处和比较优势。

第四章 水运建设企业治理模式的特征及变迁逻辑

中央全面深化改革委员会第十四次会议审议通过了《国企改革三年行动方案（2020—2022）》，旨在完善国有企业治理体系。在加快形成以国内大循环为主体、国内国际双循环相互促进的新发展格局下，国企改革进入关键阶段。党的二十大报告进一步指出，深化国资国企改革，加快国有经济布局优化和结构调整，推动国有资本和国有企业做强做优做大，提升企业核心竞争力。我国近代国有企业诞生于近代洋务运动时期，是面对外国势力入侵不得不"师夷长技"的产物。在自立自强的国家意识下，重工业的发展从军事工业开始，由政府主导对西方先进生产力进行引进和移植，企业治理中强化国家治理是重要的诉求。国有企业治理是构建中国特色现代企业治理的关键，制度变迁和治理结构转型应从新制度经济学和政治经济学等角度予以分析。①

从微观角度研究中华人民共和国成立初期国有企业治理模式的变化重要且具有意义。"求木之长者，必固其根本；欲流之远者，必浚

---

① 卞历南. 制度变迁的逻辑：中国现代国有企业制度之形成 [M]. 杭州：浙江大学出版社，2011.

其泉源。"中华人民共和国成立后，赶超式现代化历史背景使得中国工业从发展之始就离不开政府主导，国有企业作为国家实现经济管理的一种"组织化手段"[1]，成为政府主导工业化的主要落脚点。国家治理模式在国有企业的治理中有效体现出来。强化国家治理能力与国有企业现代化转型同步，这就构成了中华人民共和国成立后国有企业治理制度探索的关键背景。

目前学术界对中华人民共和国成立初期的企业史研究主要聚焦民营企业，[2]而国营企业接管历史以及领导体制演变的研究近年才不断增加，梳理了中华人民共和国国营企业形成的路径[3]，考察了工厂管理委员会、"一长制"等制度安排。[4]已有研究也尝试贯通1949年前后历史，以求整体性地理解不同政治社会环境中的企业行为[5]，但较多研究仍旧是将1949年前后的企业制度截然分离。[6]企业治理结构变迁有其独特的历史背景和内在的激励逻辑，如工厂管理委员会等。企业治理结构在20世纪50年代转型，国有企业治理结构的创新、党对企业的领导等重要变革值得研究；[7]但从微观企业史料出发的深入研究还比较缺乏。

本章以天津航道局（由海河工程局发展而来）为微观案例，详细探究中华人民共和国成立之初国有企业治理面临的困境及治理模式的选择与特征。这是中华人民共和国国有企业发展之始，也是改革开放后国企改革之制度基础。该研究可探求国有企业治理变迁逻辑及早期经验，为国有企业改革提供历史借鉴。

---

① 李汉林. 中国单位社会：议论、思考与研究 [M]. 上海：上海人民出版社，2004：134-136.
② 对1949—1952年私营企业个案的研究，可以参见：赵晋. 旧工厂与新国家：1949—1952年的刘鸿生大中华火柴公司 [J]. 中国经济史研究，2013（2）：97-109.
③ [1] 王丹莉. 新中国国有资产管理模式的演变——从全面介入到两权分离 [J]. 当代中国史研究，2016，23（5）：16-26；124. [2] 朱婷. 1949—1952年被接管官僚资本企业转化为新中国国营企业的历史考察：以上海国营纺织企业接管、改造与建制过程为中心 [J]. 上海经济研究，2012，24（9）：147-155.
④ 孙泽学. 认同·争议·命运——共和国初期国营企业实施"一长制"述论 [J]. 史学月刊，2017（10）：73-80.
⑤ 高超群. 中国近代企业史的研究范式及其转型 [J]. 清华大学学报（哲学社会科学版），2015，30（6）：143-155；192-193.
⑥ 张忠民. 思路与方法：中国近代企业制度研究的再思考 [J]. 贵州社会科学，2018（6）：28-35.
⑦ 武力. 五十年代国营企业党政关系的演变 [J]. 改革，1996（5）：110-117.

第一节 从海河工程局到海河工程处[①]

一、隶属机构的变化

海河工程局是 1897 年中央政府许可、中外共建且由洋人负责具体经营管理的公益法人机构。[②]从成立之初至 1945 年，海河工程局先后被欧洲人、日本人所控制，长期以公益法人的形式存在，实施的是以董事会为主导的总工程师负责制。1945 年抗战胜利以后，国民政府天津市党政接收委员会清查和接管了海河工程局，改为隶属水利委员会的国有企业，确定了以局长为首的机关制。[③]1949 年 1 月 16 日，在天津解放第二天，中国人民解放军天津区军事管制委员会接管了海河工程局，并由华北人民政府华北水利委员会领导。1949 年 7 月 19 日，奉华北人民政府指示，海河工程局改由华北水利工程局领导，更名为海河工程处，赵朴任主任。1950 年 12 月 16 日，海河工程处主任赵朴给中央人民政府水利部和华北水利工程局呈文，请求自 1951 年起实行企业化管理方式。[④]从结果看，海河工程处 1951 年度仍是水利事业管理机构，在财务制度上是收支报销性质，管理及事业各费均根据原有预算制度编报核转中央水利部。由于塘沽新港建设的需要，1951 年 8 月 24 日，中央人民政府政务院第 99 次政务会议通过《关于成立塘沽建港委员会的决定》，其中规定"中央人民政府水利部所属之海河工程处，由天津市人民政府代管，其建制仍属中央人民政府水利部"。1952 年 3 月 15 日，水利部征得天津市人民政府的同意，海河工程处直接隶属水利部领导，只是在新港建设期间归天津市人民政府代管。1952 年 8 月 8 日，中央人民政府政务院财政经济委员会决定，将海河工程处由中

① 杨济菡. 海河工程局（处）企业治理转型研究（1945—1952）[D]. 北京：中国政法大学，2018.
② [1] 龙登高，龚宁，孟德望. 近代公共事业的制度创新 [J]. 清华大学学报（哲学社会科学版），2017，32（6）：170-182. [2] 1946 年《海河工程局组织条例》.
③ 为本处自 1951 年起实行企业化管理方式请核准由 [A]. 天津航道局档案：行政永久，1949-1：51-52.
④ 说明 [A]. 天津航道局档案：行政永久，1949-18：117.

央人民政府水利部建制改属于中央人民政府交通部建制，归天津区港务局代管。1953 年 1 月 1 日，疏浚公司成立，海河工程处改组为交通部航务工程总局疏浚公司天津区疏浚队。从中华民国国民政府时期到中华人民共和国成立，再到 1953 年疏浚公司成立，海河工程局（处）都属于政府直接进行经营和管理的国有企业，但是其企业治理结构随时代而变迁。1945—1953 年海河工程局（处）隶属关系变更表参见表 4-1。

表4-1　　　1945—1953年海河工程局（处）隶属关系变更表

名称	隶属机构	时间	备注
海河工程局	天津市党政接收委员会水利委员会	1945 年 7 月	
海河工程局	国民政府水利委员会		
海河工程局	天津区军事管制委员会水利接管处	1949 年 1 月 16 日	
海河工程局	华北人民政府华北水利委员会		
海河工程处	华北水利委员会华北水利工程局	1949 年 7 月 19 日	1949 年 8 月 1 日海河工程处改组
海河工程处	水利部华北水利工程局		1949 年 10 月水利部成立
海河工程处	水利部华北水利工程局	1951 年 8 月 24 日	天津市人民政府代管
海河工程处	水利部华北水利工程局	1951 年 9 月 27 日	天津市决定天津区港务局代管
海河工程处	水利部	1952 年 3 月 15 日	新港建设期间天津区港务局代管
海河工程处	交通部	1952 年 8 月 8 日	天津区港务局代管
疏浚公司	交通部航务工程总局	1953 年 1 月 1 日	
疏浚公司	交通部航务工程总局	1953 年 9 月 8 日	疏浚公司迁到天津

资料来源：杨济菡．海河工程局（处）企业治理转型研究（1945—1952）［D］．北京：中国政法大学，2018.

1949年前后，海河工程局（处）除了管理人员有所变动外，企业所有的一切船舶、机器、车辆、工具器具等并未有较大的变化。生产效率提高的具体表现为疏浚业务量的增长。自成立之初，海河工程局主要负责疏浚、破冰和吹填三大业务：整治和疏浚海河航道，保障船舶航行畅通；疏浚大沽沙航道，保证船舶能够自由进入海河；进行冬季破冰业务，保障天津港冬季通航并开展吹填业务。由于其业务本身对河道治理、港口建设以及天津市城市发展有着重要的意义，因此尽管历经战火、政权更迭和隶属变更，海河工程处依然可以保持其业务的连贯性和完整性。[1]

二、内部组织结构的变化

治理结构实质是一种组织结构[2]，反映的是企业自我组织的治理机制，是一套管理控制的体系，实质是涉及契约关系的制度安排。除了制度框架外，组织中的人也是企业治理中的核心。

（一）海河工程局时期治理结构

1.行政机构之科层组织

国民政府时期强调收回主权，构建了科层官僚的组织结构。《海河工程局组织条例》规定"海河工程局置局长一人，简任，综理局务，并指挥监督所属职员；局长下设三科"[3]，必要时需要呈准水利委员会，设置测量队、挖泥船队、破冰船队、海口浚滩队、材料厂以及机械修理厂。其他部门名称有变，各部门具体内容的设置与之前变化不大。此外，为了保证技术指导的延续性，总工程师仍由日据时期总工程师崔哈德担任；但是，事实上企业治理结构发生了较大转变。这个时期废除了外国总工程师的负责制和企业组织形态，取消董事会，除办事员和会计佐理员是委任之外，其余人员大多是以"荐任"为主。海河工程局中的这些荐任、委任的员工享有国民政府不同的官等、官俸。在科层制中，每一层级有根据不同权力大小确立的职位，

---

① 国民党统治时期的业务可见海河工程局1945—1949年年报，1949—1953年的业务可见天航档案馆藏。
② 吴敬琏. 现代公司与企业改革［M］. 天津：天津人民出版社，1994.
③ 海河工程局组织条例［N］. 审计部公报，1946-108-109.

高一层级领导管理和监督下层，这种制度上下层被严格地区分，等级极其固定。①

2.技术官僚

自国民政府接管后的4年间，海河工程局一共更换过3任局长：杨豹灵、徐世大以及向迪琮，技术主任由崔哈德担任。杨豹灵和徐世大是民国时期水利专家。徐世大获得北洋大学土木专业本科学位、康奈尔大学土木工程学硕士学位，1929年秋就任华北水利委员会总工程师（技术长），于1946年任海河工程局局长，1947年辞职后成为中国台湾大学土木系教授。向迪琮是3位局长里面唯一没有海外留学经验的一位，但其先后在四川铁道学堂和唐山路况学堂（今西南交通大学）学习土木工程专业，先后在北京内务部、扬子江技术委员会等政府机构担任要职，1948年担任海河工程局局长。从海河工程局历任局长的简历来看，留洋经历加上专业过硬，具有明显的技术官僚特征（见表4-2）。

（二）海河工程处时期的治理结构

1.科层制

中华人民共和国成立后，企业内部的组织结构沿袭了民国时期的科层制。1949年，军代表赵朴等3个人根据"原封照样，原封不动"②的原则接管了海河工程局。为了尽快恢复与发展生产，海河工程处的组织结构为：赵朴为厂长，即海河工程处主任，另设技术主任、秘书，下设总务课、人事室、浚挖队、工务课、机械修理厂。③海河工程处在上级机关领导下改造旧企业的领导机构，建立了新的领导制度和组织结构，厂长实际上代表政府对海河工程处进行经营管理，是接收企业生产继续发展的关键。1950年海河工程处组织结构图如图4-1所示。

---

① 韦伯. 支配社会学 [M]. 康乐，简惠美，译. 桂林：广西师范大学出版社，2004：25.

② 薄一波. 若干重大决策与事件的回顾：上卷 [M]. 北京：中央党校出版社，1991：5.

③ 天津航道局档案：行政永久，1949-1：56.

表4-2　　　　　　　　海河工程局（处）主要行政领导名录

姓名	生卒年	任海河工程局局长时间	学历	任职简历	去向
杨豹灵	1886—1966	1945—1946	东吴大学，康奈尔大学，普渡大学	之前任全国水利局技正、天津市工务局局长、顺直水利委员会流量测验处处长等	天津市政府外事处处长
徐世大	1895—1974	1946—1947	北洋大学土木专业本科，康奈尔大学土木工程学硕士	华北水利委员会常务委员兼技术长	中国台湾大学土木系教授
向迪琮	1889—1969	1948	四川铁道学堂和唐山路况学堂土木工程专业	北京内务部土木司水利科科长，扬子江技术委员会书记长，北平永定河堵口工程处秘书、处长等	四川大学工学院土木工程系教授、系主任
赵朴	1912—2006	1949—1960	河间中学	子牙河河务局局长，九专署副科长，冀中水利局秘书、主任，海河工程局军代表，海河工程处处长兼总支书记	1959年任天津航道局局长。1961年，赵朴离开天津航道局，担任天津市内河航运管理局局长，后任天津市交通局党委书记、局长

资料来源：周星笳. 天津航道局史［M］. 北京：人民交通出版社，2000：404-405.

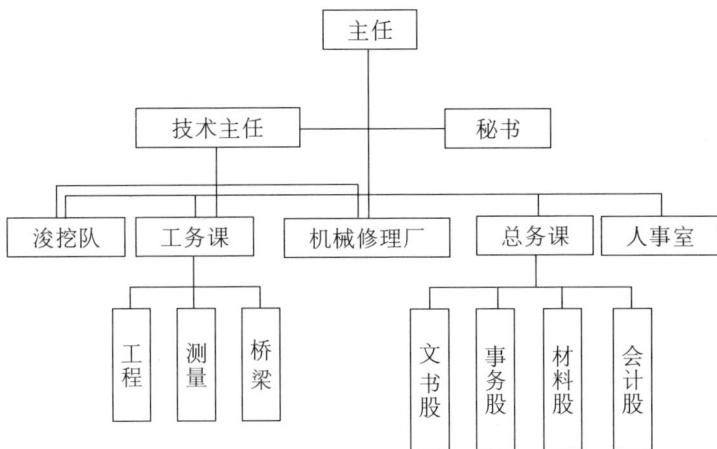

图 4-1　1950 年海河工程处组织结构图

资料来源：周星笳. 天津航道局史〔M〕. 北京：人民交通出版社，2000.

1950 年 7 月，海河工程处对内部职能又进行了调整，设置秘书室、人事室、财务科、工务科、浚挖队、船舶修理厂。1951 年 11 月 28 日，海河工程处为实行企业化，根据实际需要对内部机构及其人员配置又进行了调整，领导班子由一名主任和副主任组成，并设有一名副工程师；下设秘书室、人事室、保卫科、财务科、器材科、计划科、工务科、机务组（后修船总厂）、第一修船厂、第二修船厂、第三修船厂（后天津修船厂）、第四修理厂（后新河修船厂）以及浚挖队。业务内容更为精细，规模也逐渐扩大。中华人民共和国成立后，由于天津各机关的外籍员工均被遣送回国①，技术人才缺乏，华北水利工程局从其他地方分别向浚挖队和工务课选调了工程技术人才。

2.党的领导

党的领导是中华人民共和国成立后企业治理模式变革的突出特点。中华人民共和国成立初期就已经确立国家的建设事业要坚持中国共产党的领导②，国家层面的治国理念落实到国有企业管理上便是坚持中国共产党的领导。海河工程局接管之初就成立党支部和团组织，1950 年 7 月 20 日正式成立了以赵朴为书记，康蔚波、齐田、郝文铭、王炎天为委

---

① 天津航道局档案：行政永久，1949-3：1.
② 季春芳，李正华. 新中国成立初期中国共产党治国理政思想研究评述〔J〕. 河南师范大学学报（哲学社会科学版），2017（2）：7.

员的中国共产党海河工程处总支部委员会。1949年后，党员人数迅速增加，到1958年已经发展到375名。1957年3月，中国共产党疏浚公司党委会成立。在海河工程处，党对企业的领导主要是思想和组织领导，通过工厂管理委员会，以节约运动、合理化建议等方式充分发动群众参与企业管理。很显然，1949年后在企业内部治理上建立了一套完整的不同于1949年前的体系。

首先，党成为企业治理模式中的重要部分。中华人民共和国成立初期，在海河工程处中，党组织对企业的领导主要体现在思想和组织上，在生产上则进行监督。党组织作为企业的核心，需要对由工厂管理委员会讨论通过的关于生产的具体实施方案结合国家政策进一步进行讨论通过后才能分工进行；在具体实践中，则由厂长负责生产管理和行政业务，只有在遇到紧急事件的时候厂长才可以先行处理，过后报告党委。在这种管理制度下，党委具有最后的决定权，厂长对党委负责。[①]1950年后，海河工程局确立赵朴的厂长地位，同时作为党支部书记和厂长，海河工程处的管理既可以弥补厂长技术经验缺乏的缺点，又可以加强各方面尤其是党政工团的领导，还可以通过发动广大群众进行民主管理。

其次，民主管理落实为企业治理的制度安排。工厂管理委员会和职工代表会议是在企业中实行民主管理的重要制度安排。在中华人民共和国成立初期，工厂管理委员会是进行民主改革的重要载体之一。1949年11月，海河工程处成立管理委员会，浚挖队和修理厂等相继成立分管理委员会，实行民主管理。[②]浚挖队成立工人管理委员会的会议，认识到"管委会是实现民主的最高形式，是工人当家作主的方式，是吸收群众意见依靠群众增加生产改进工作，领导工人同志们从民主管理的理论学习结合到实际的行动"[③]。会议对"为什么要成立浚挖队管委会？对工人有什么好处""政委工会主任参加管委会并当选委员的合理性"

---

① 全国总工会政策研究室. 中国企业领导制度的历史文献［M］. 北京：经济管理出版社，1986：194-195.
② 周星笳. 天津航道局史［M］. 北京：人民交通出版社，2000：86.
③ 浚挖队成立管理委员会总结报告（1949年12月30日）［A］. 天津航道局档案：行政永久，1949-10：7.

"队长有权停止执行多数委员会通过决议的道理"等问题进行了广泛的讨论，肯定了作为中国共产党党员的政治委员参加并成为委员的合理性，以及作为国家机关委派的全权代表，队（厂）长有权具有"一票否决权"等。船舶修理厂也选举出了由党政工团负责人、工程师以及工人代表组成的9位委员。管委会定期每半月开会一次，并在会前先下发会议提纲供各委员充分准备，反映职工意见，会后下发会议纪要交各委员向所代表职工传达，月底管委会主席向职工报告一个月的工作总结及检讨，并答复职工之意见。[①]

（三）企业治理体系的变革

1.增产节约运动

20世纪30年代，为了应对战时对生产效率的需要，国民政府展开了工作竞赛运动。这其实是以斯达汉诺夫运动为榜样建立起来的激励机制。

1950年，海河工程处开展了增产节约运动，职工们从思想上明确了节约的重大意义。船员们提议，在可能的范围内，尽量不雇外工，自己修理船上的小毛病，自己敲锈油漆，并帮助修理厂工人做工。浚挖队的船员们在迎接八一建军节和国庆节时，组成了"抢修大队"和"突击大队"，在"哪儿有任务就到哪儿工作"的口号下，参加天津修理厂船坞打桩、修井等工作，节省小米2万千克。

朝鲜战争爆发后，在轰轰烈烈的抗美援朝运动中，工人们积极开展抗美援朝劳动竞赛运动，提前完成了航道疏浚任务，保证了航道的畅通。[②]1950年，海河工程处在举行"红五月"竞赛后，又举行迎接国庆竞赛、迎接新年竞赛、抗美援朝劳动竞赛。至此，劳动竞赛成为经常性的运动。[③]通过竞赛，海河工程处各部明确了劳动口号与奋斗目标，建立了生产责任制，并推行郭瓦廖夫工作法，提高了生产效率，促进了工人们互相交流。[④]

---

① 修理厂民主管理专题总结［A］．天津航道局档案：行政永久，1951-1：66.
② 周星笳．天津航道局史［M］．北京：人民交通出版社，2000：92.
③ 天津航道局档案：行政永久，1951-1：1-7.
④ 天津航道局档案：行政永久，1951-1：55.

浚挖队通过吸取群众意见，建立了公报制度，将好的合理化建议向全体职工介绍，促进了先进经验的推广，调动了职工积极性。仅1951年1至8月，浚挖队就提出合理化建议339条，产生效益折合小米44 498千克。[①]

2. 评选劳模

1950年1月，海河工程处进行了第一次表彰模范活动。5月、6月、7月的劳动竞赛运动结束后，海河工程处又进行了一次评模普奖活动，对一般职工也按一、二、三等进行了一次普奖。[②]1951年，海河工程处组织评选出第一榜模范、模范小组。表彰模范不仅给予劳动模范们应有的荣誉，同时在群众中树立了旗帜和榜样，在培育工作情绪和培养积极分子方面都起了决定作用。一大批优秀工人被提拔为干部，优秀积极分子加入了中国共产党。其中，全国劳动模范就有张树和参加1950年全国工农兵劳动模范代表会议。在天津新港一期建设工程中，塘沽3号机舱小组荣获天津市模范小组光荣称号，史金贵作为代表参加1952年全国英模会。

3. 工资改革

为保障工人的收入稳定，避免因物价波动而影响生活，海河工程处首先将货币工资改为按实物（小米）计价发放工资，工资等级也缩减为28级，并通过鉴定评薪进行了个别调整。1951年5月，海河工程处工资进行局部调整，调整范围约40%，幅度较小。1951年10月，海河工程处又进行了一次大规模的调资。1955年的工资资料表明，更高的文化水平、更长的工龄对工资有正向影响。[③]

4. 员工福利

员工福利方面实行公费医疗，职工家属每人每月享1千克小米的医疗费；建立了职工子弟学校、理发室、合作社等，成立了工人俱乐部，实行女职工哺乳期制度，成立女工委员会，并修建了职工家

---

① 周星笳. 天津航道局史 [M]. 北京：人民交通出版社，2000：92.
② 天津航道局档案：行政永久，1950-8：39-51.
③ 乔士容，龙登高，林展. 解放初国有企业工资影响因素的实证分析——基于天航档案中天津与上海数据的比较研究 [J]. 安徽师范大学学报（人文社会科学版），2017，45（4）：481-492.

属宿舍；每年发两身制服，在重大节日发面粉，体现了党对工人的关怀。

5.计划管理

计划管理是指用计划来组织、指导和调节各企业一系列经营管理活动的总称，包括计划的编制、执行、调整、考核的过程。海河工程处贯彻了比较完善的计划管理，有年度工作计划和五年计划，如《海河工程处1951—1952年度工程计划概示》《华北水利工程局海河工程处五年计划提纲》；在具体工程项目上面也作了大量的计划，比如编制了《海河葛沽裁弯工程计划》。但是，学习苏联计划经济之后，计划管理是疏浚公司管理工作的主要内容。1953年疏浚公司成立后，公司推行了组织措施计划与作业计划。每年年初将施工计划交给群众，组织讨论，制定技术组织措施，以保证计划的完成。不过需要注意的是，企业层面的计划管理不同于作为国家社会经济体制的计划经济。五年计划说明海河工程处已经具有成熟的计划管理体系，为配合与执行上级计划奠定了基础。另外，这些计划说明，海河工程处尽管被作为水利事业机关，却履行实际业务职能，所以不能简单被视为政府机关。

6.企业治理推行"一长制"

为了提高工作效率和加强对企业的管理，海河工程处大量借鉴了苏联制度，比如1951年推广应用了苏联郭瓦廖夫工作法。当然最集中的体现是实施了"一长制"。"一长制"最早由列宁提出，并在1918年苏俄党中央会议中对其进行了详细的阐述。中国共产党是以马克思列宁主义为指导理论的政党，革命根据地苏维埃政权的制度试验及制度精神在中华人民共和国的制度框架中都得以体现。[1]1954年，疏浚公司在完善作业计划的基础上，加强了一长责任制和联系责任制。

---

① 刘文沛. 浅析新中国政制体系建构的制度基础与苏联因素 [J]. 理论界，2013（9）：17–19.

第二节　海河工程处组织管理的特征

一、跨过1949年：接管初期之困境

海河工程局是由中央政府所批准地方政府创建、以公益法人形式存在的非营利性疏浚机构。[①]从1897年成立之初至1945年，海河工程局先后被洋人、日本人控制管理，实施的是以董事会为主导的总工程师负责制。[②]1945年抗战胜利以后，统制经济从制度层面强化了国家对经济的干预，国民政府对国有企业进行了大规模的改造。时任天津市工务局局长杨豹灵受命接收了海河工程局，并成为国民政府时期的首任局长。根据国民政府第2648号令颁布的《海河工程局组织条例》确定了以局长为首的机关制，形成科层制管理结构，并被纳入国家行政管理体系，是隶属于水利委员会的国有企业。1949年1月，天津解放。天津区军事管制委员会随即成立，并开始对天津市的经济、文教、市政等进行全面接管，根据《再克洛阳后给洛阳前线指挥部的电报》[③]中涉及的城市政策，赵朴对国民政府疏浚机构海河工程局进行了接管，接管后的海河工程局由华北人民政府华北水利委员会直接领导。1949年7月，据华北人民政府令，华北人民政府华北水利委员会海河工程局改名为华北水利委员会华北水利工程局海河工程处。[④]海河工程处先后隶属于天津军事管制委员会水利接管处、华北人民政府华北水利委员会、华北人民政府华北水利工程局以及水利部华北水利工程局。[⑤]与国民政府时期相同的是，中华人民共和国成立初期的海河工程局沿袭了以科层制为形式的"国家行政机构之官僚组织模

---

① 海河工程局是不以营利为目的的公益机构，所提供的公共服务体现公益性，主营的疏浚业务不收取报酬。其从成立之后到1945年都独立于中央政府和地方政府，机构最重要的资金来源是关税，特别是海关附加税的转移支付、公债发行的担保和偿还。

② 龙登高，龚宁，孟德望. 近代公共事业的制度创新 [J]. 清华大学学报（哲学社会科学版），2017，32（6）：170–182.

③ 1948年4月8日，此乃毛泽东为中共中央起草的电报，内容不仅适用于洛阳，也适用于一切新解放的城市。

④ 天津航道局档案：行政永久，1949–7：19.

⑤ 天津航道局档案：行政永久，1949–4：113.

式"①。跨过 1949 年，尽管海河工程局依旧作为国有企业而存在，但是面临的现实问题迥然不同。这导致企业具体治理模式的选择和运作机制相异。这些制度变化可以看作在复杂的政治、经济和文化的钳制下，中华人民共和国成立初期国企治理为解决委托代理问题所作的初步探索。

城市接管中最重要的部分是对工厂的接管，但仅限于接管远远不够。"管理和建设城市中最中心的问题是管好工厂、发展生产的问题"②，发展生产是这个时期特殊、重要且紧急的任务。对新政权而言，这既是执政的开始，也是迈向社会主义的转折点。③接管初期，海河工程局依据"原封照样，原封不动"④原则，采用原职原薪原制度，被军代表所接管。尽管在短暂的时期内确立了"军委会作为集中领导的组织形式地位"⑤，采用了军事管理委员会统一领导的方式，但为求生产稳定，具体工作部门和工人群体变化并不大。"必要时，不惜付出高薪。即使是国民党人，只要有可能，也要利用。"⑥这显然是权宜之计。

具体情况从海河工程局的档案材料中可以窥见。工人们政治认识模糊，对中国共产党不太了解，对人民民主政策也有些顾虑和不正确的认识。例如，一些领导干部怕坦白、怕斗争甚至怕民主，一些下级干部仅知道工人翻身了，甚至连领导干部的命令也不接受了。还有干部仅以经济观点或纯技术观点考量，把人民的工程机关变作公司。⑦部分工人工作上敷衍和欺瞒上级，自由散漫；思想上万古落后，看不

---

① 张忠民. 艰难的变迁：近代中国公司制度研究［M］. 上海：上海社会科学院出版社，2002：105.

② 中共中央文献研究室. 西南局关于城市工作会议报告（1951 年 1 月 8 日）［M］//中共中央文献研究室. 建国以来重要文献选编：第 2 册. 北京：中央文献出版社，2011.

③ 华东师范大学中国当代史研究中心. 中国当代史研究［M］. 北京：九州出版社，2011.

④ 薄一波. 若干重大决策与事件的回顾：上卷［M］. 北京：中央党校出版社，1991：5.

⑤ 符鹏. 天津解放初期工厂接管的历史实践与伦理意涵［J］. 中共党史研究，2017（6）：54-70.

⑥ 中共中央文献研究室. 企业管理委员会应有工程师、技师及职员参加（1948 年 4 月 26 日）［M］//毛泽东. 毛泽东文集：第 5 卷. 北京：人民出版社，1999：88.

⑦ 浚挖队工作总结大会报告内容［A］. 天津航道局档案：行政永久，1949-10：2.

起老干部，对老干部采取仇视敌对的态度，无组织无纪律。[①]"不服从领导，偷懒旷工，不服从工作调动……他出身复杂，不仅在国民党军队当过兵，被日寇俘虏当过伪军，解放后还常与国民官兵联系，常说政治性的怪话和谣言，屡犯劳动纪律，多次教育不改。"[②]在生产中，工作也难以顺利进行。工作计划不够明确具体。在组织上，领导分工不够明确，一个工作要么好几个人管，要么无人管，因此导致工作发展很不平衡……船只由各个干部分别负责，对整体情况掌握不一，彼此联系也不紧密，工作忙乱，制度也难以坚持等。[③]彼时，海河工程局的在职职工中有约90%为船员和工人（包括技术人员）[④]，面对庞大且散漫的工人群体，新政权在工人管理和工厂生产中都面临着重重困难。

另一方面，正如陈云在1949年曾对苏联大使坦言，恢复经济生产的一个重大障碍就是缺少既懂专业又忠于人民政府的技术干部。这个问题在海河工程局中同样存在。军管会接管后，上级机关（水利部华北水利工程局）委任赵朴为主任。从其履历来看，赵朴是政治上值得信任的干部，但在技术上并没有太大优势。海河工程局业务开展的核心是船舶（挖泥船、破冰船），无论是疏浚吹填、破冰还是船舶修理，都离不开专业技术工人。从原有管理来看，从成立之始到1949年之前，海河工程局一直实行洋总工程师负责制[⑤]，全面负责生产、运营和管理。技术管理等均由西方引进，在长期发展过程中也形成了完整、成熟的业务系统。[⑥]从设备来看，1949年接管后对海河工程局所拥有的船舶进行了清点，实施疏浚吹填和破冰业务的吸泥船、夹泥船如"浚利""快利""新河""燕云"等共计约20艘，大部分船舶从国

① 天津航道局档案：行政永久，1951-5：14.
② 天津航道局档案：行政永久，1951-5：15.
③ 爱国竞赛中浚挖队几项成功的管理制度 [A]. 天津航道局档案：行政永久，1951-5：44，50.
④ 龙登高，常旭，熊金武，等. 国之润，自疏浚始：天津航道局120年发展史 [M]. 北京：清华大学出版社，2017.
⑤ 伊巍，龙登高，王苗. 洋总工程师负责制与近代航道疏浚业 [J]. 安徽师范大学学报（人文社会科学版），2018，46（4）：82-89.
⑥ 龚宁，龙登高，伊巍. 破冰：天津港冬季通航的实现——基于海河工程局中外文档案的研究 [J]. 中国经济史研究，2017（6）：103-114.

外进口①，即便"开凌""没凌""工凌"号等6艘破冰船由江南造船厂制造，其技术设计图也先后来源于德国和英国。②对船舶的使用、维护和维修依赖对船舶的详细了解，既需要掌握专业技术，又是长期实战经验积累的结果。这意味着对于海河工程局这种技术密集型机构，业务系统的成熟完整以及船舶运营的专业性使得局里的工程技术人员具有强烈的不可替代性。如何有效激励和团结技术人员、船员和工人为新政权服务迫在眉睫。

二、"红"与"专"的平衡

尽管对"红专"问题的讨论主要发生在20世纪50年代中后期，但实际上在接管城市之初，面对具体工厂生产管理之时已经有所体现。"红"意味着是政治上值得信任的党员干部，"专"意味着专业技术过硬或者有工厂管理经验的工人。在原有的管理模式中，技术官僚使得国有企业中的管理层被科学与技术专家所控制。③国民政府接管后的4年间，海河工程局一共更换过3任局长，技术主任由崔哈德担任。海河工程局一直没有解决好国有企业管理中国家政治意识的落实与外籍技术专家坚持工具理性取向的统一问题。

其一，企业领导如果不了解业务而事事听从技术专家，可能导致企业发展偏离党的路线和发展目标。④

其二，受信任的领导干部"政治和技术双肩挑"也并不现实。与苏联不同，中国共产党从农村走向城市，拥有充足的进行整治工作的党员专家，但在现代工厂经营管理上经验不足，也缺乏训练。⑤只有有效平衡好"红"与"专"，才能使企业在党的掌握下为新政权服务。

---

① 天津航道局档案：行政永久，1949-21：30.
② 龚宁，龙登高，伊巍. 破冰：天津港冬季通航的实现——基于海河工程局中外文档案的研究［J］. 中国经济史研究，2017（6）：103-114.
③ 从20世纪40年代开始，国有企业内部技术官僚兴起。几乎所有的国有企业的中高层管理人员基本受过国内外正规高等教育训练，普遍具有一技之长或者在某个领域拥有权威，这些高级管理者、技术人员的任命和使用多是按照政府机关有关行政人员使用和任命，他们掌握着企业的经营管理大权。
④ 于之伟. 初掌大工厂：中共对鞍钢的接管与早期复产（1948—1949）［J］. 史林，2020（3）：168-183；222.
⑤ WALDER A G. Communist neo-traditionalism：Work and authority in Chinese industry［J］. Berkeley：University of California Press，1986.

　　久经考验的党员干部显然是重要的官员选拔考量标准。早在
1948年，海河工程局内部就以一级科员冯国良为首成立了以"新民
主青年工程师学会"为名称的中国共产党地下党组织；在1949年被
军代表接管前，已经发展了王广甲、丁联臻、胡凯元、宋晋之以及
靳顺则5位民青成员。①这几位青年才俊全有大学学历，除靳顺则是
工程员之外，其余的都是核心部门的助理工程师。在1950年中国共
产党海河工程处党总支委员会正式成立时，委员会成员有赵朴、康
蔚波、齐田、郝文铭以及王炎天，赵朴担任党总支书记。②这5位党
员干部中并没有原先的党员和民青成员，全是从其他相关机构调派
来的党员干部。从《海河工程处干部人员名单（1950）》中的介绍
来看，这5位党员干部有如下特点：第一，在调来海河工程处之前，
都在革命根据地任职；第二，他们文化程度相对不高，但都在高小
之上；第三，在企业内部组织结构中，除主任外，其余的人主要掌
管保卫科和人事处，并不涉及工程处船舶修理以及疏浚等核心业务
部门。对人事任命以及内部人事领域采取集中控制的方式，体现了
实际管理中委托人对潜在风险的控制。③

　　在对海河工程处的管理中，中国共产党党员赵朴同时作为工程处的
党总书记和主任④，以确保党的意志在企业发展中得以落实，有效解决
了科层制中企业负责人和上级之间可能存在的利益不一致问题。同样重
要的是，党并非只将"忠诚和信任作为任用干部的首要因素"⑤，而是
在"红"与"专"之间作了有效的平衡。根据1950年7月17日水利部
批复的干部配备情况⑥来看，一方面，党给予了原有技术人员应有的信
任和支持，原工程处秘书、财务科副科长、船舶修理厂厂长以及浚挖队
队长均并不变化；另一方面，不断提拔党内的年轻技术力量，如原修理

　　① "民青"是中国新民主主义青年团成员的简称，中国新民主主义青年团是
中国共产主义青年团的前身。
　　② 周星笳. 天津航道局史 [M]. 北京：人民交通出版社，2000：80.
　　③ 周黎安. 行政发包制 [J]. 社会，2014，34（6）：1-38.
　　④ 根据《华北人民政府令人事字260号》（1949.7.19），海河工程局改名为海
河工程处，委任赵朴为处主任。
　　⑤ 于之伟. 初掌大工厂：中共对鞍钢的接管与早期复产（1948—1949）[J].
史林，2020（3）：168-183；222.
　　⑥ 水利部（50）人干字第二三八〇号批复（1950年7月17日）[A]. 天津航
道局档案：行政永久，1949-1：56.

厂助理工程师、民青成员胡凯元后成为材料科科长，船舶修理厂工程师、民青成员宋晋之成为新河分厂主任。①

三、两大权力主体：行政与党委

（一）行政力量：科层制

国企治理在计划经济时期是国家治理体系的一部分，类似于政府机构的建制，突出了行政化治理。海河工程处也不例外：一是企业与政府之间也形成行政科层关系；二是在企业内部实行科层制管理。

首先，从组织结构来看，中华人民共和国成立以后海河工程处隶属于上级机关华北水利工程局等。1949年12月，华北水利工程局提出了加强管理的领导原则，明确了职责权限，将海河工程处管理体系全面纳入国家行政管理体系内，②名称有"局""处"之分，组织内部的管理人员都有各自对应的职位、行政级别和工资级别等。

科层管理机制的实施是强化国家职能的重要体现，要想实现组织内在生命力及自身发展能力，组织首先必然需要表现出其历史依赖性，即为过去的经验和其自身历史演变过程所制约；其次，避免大规模的创新是保持组织稳定的内在机制，组织内部信息渠道一旦建立起来并走向结构化，任何大规模的创新都需要付出极大的机会成本。另外，大规模创新导致的利益结构的重新分配必然受到组织内部既得利益者的极大阻力。因此，1949年，中国共产党在接管海河工程局时便采取了"原封照样，原封不动"的接管原则，并移交上级管理机关；为了恢复生产，对原有组织结构进行重构的时候也尽量保持原样。企业内部生产关系的暂时维持对恢复生产无疑是重要的。当然，这并不是说，维持原有制度模式必然是合理且有效的。中华人民共和国政府领导下依旧选择科层制这一组织模式体现了制度变迁过程中对历史因素的重视，废除董事会制度，科层组织管理模式在短时期内对集中恢复生产有着重要的意义。

① 天津航道局档案：行政永久，1949-1：84.
② ［1］华北水利工程局1951年事业计划概要［A］. 天津航道局档案：行政永久，1951-8：14-18.［2］为通知本部对呈送之各项工程计划意见希先事准备由［A］. 天津航道局档案：行政永久，1949-4：38-39.

其次，企业与政府之间也是行政化管理。中华人民共和国成立初期的国有企业治理模式必然沿袭集权式的管理结构，如在建立新的领导制度和组织结构的时候，确立了以赵朴为首的科层管理体制，身为处长的赵朴对企业的生产管理具有最终决定权。由于其权力的合法性来自由上往下的授权，故这种体制集中体现在"向上负责制"方面。①

1949年12月，华北水利工程局召集海河工程处、永定河官厅水库工程处等单位开会，提出了加强管理的领导原则：

第一，关于行政、技术、人事、财政等问题，均由华北水利工程局统一领导，与水利部在正常手续上不再发生直接关系，由华北水利工程局对水利部负责。

第二，今后工程计划由华北水利工程局审定呈水利部核准后实施，华北水利工程局对工程必须切实领导协助。

第三，海河工程处今后经常、临时及事业各费用的预决算，均先由华北水利工程局审定再呈水利部核办。

第四，海河工程处今后经费的领发，均经由华北水利工程局审定呈准水利部办理，海河工程处原有收入需定期向华北水利工程局报解或自华北水利工程局转解，统一收支。

第五，海河工程处今后机构编制、人事任免与待遇，均经由华北水利工程局按照等级照准呈部备案或核准。

同时，工程业务、财政、人事任免、请假、人员编制及机构设置方面明确了职责权限。这样事实上就将海河工程处的管理体系进一步明确，全面纳入了国家行政管理体系内。实行计划经济体制后，海河工程处会将有关计划上报中央人民政府水利部等上级机关，上级机关会对具体工程提出审批意见。②

不可否认的是，科层组织的持续性和稳定性在很大程度上会影响内部变革和制约创新，组织作为一种固定的结构，在拥有全部资源的情况

---

① 周雪光. 中国国家治理的制度逻辑［M］. 北京：生活·读书·新知三联书店，2017：64.
② ［1］华北水利工程局1951年事业计划概要［A］. 天津航道局档案：行政永久，1951-8：14-18. ［2］为通知本部对呈送之各项工程计划意见希先事准备由［A］. 天津航道局档案：行政永久，1949-4：38-39.

下必然强化内在控制机制，以保持其优势。那么组织如何变化以提高原有组织效率呢？内在自我强化机制的运行使得组织难以通过微小变化的积累进行"连续性"变迁，那么重大变革必然对组织内部的制度变迁产生非连续性的影响。中国共产党在接管海河工程局后尽管在大体框架上实施"科层"制度，但是并未完全接收局中的工作人员，首先将外籍员工遣送回国，打破了海河工程局自成立之初就实行的洋总工程师负责制，开始从其他机构选调工程师负责；其次，对留用人员进行了政治学习，改造教育，并定期训练。

（二）党的力量：党委体系

传统政府管理企业的方式主要是通过委派官员，典型如晚清洋务企业。不同于之前，加强中国共产党的领导是有效解决中华人民共和国成立初期国有企业委托代理问题的关键。中华人民共和国成立初期，中国共产党领导国家进行民主改革和生产改革的时候，国有企业首先是"国家实现统治的一种组织化手段"[①]，其次才是工人群众运用资源实现利益的一种形式。可见，这个时期中国共产党对国家的领导模式在国有企业的治理中得以有效体现出来，国有企业是国家治理中的"微型国家"[②]。国家对海河工程处的领导实际上是中国共产党对海河工程处的领导。

彼时海河工程局厂长的收入不因企业经营好坏而增减，在收入固定的情况下，借助经济激励制度将委托者和代理者的目标结合起来并不现实，因此，需要将激励制度转到非经济方面，如行政升迁、社会声誉、随生产规模扩大的权力等。[③]在进行干部选拔的时候，中国共产党开始尝试将政治忠诚度作为领导干部的选拔原则之一，以确保企业能够掌握在中国共产党所信任的党员、工人手中。[④]

工厂管理委员会是中国共产党对企业有效领导的重要载体。管委会

---

① 李汉林. 中国单位社会：议论、思考与研究［M］. 上海：上海人民出版社，2004：134-136.

② 林盼. 红与专的张力：1949—1965年工人内部提拔技术干部的实践与问题［J］. 学海，2015（3）：170-182.

③ 刘世锦. 公有制经济内在矛盾及其解决方式比较［J］. 经济研究，1991（1）：3-9.

④ 林盼. 红与专的张力：1949—1965年工人内部提拔技术干部的实践与问题［J］. 学海，2015（3）：170-182.

是企业中的行政组织，由上级工厂管理委员会领导并对同级党委负责，管委会主席由各企业的厂长担任，而厂长由国家委派。①管委会和厂长相互制约，决定着企业的发展方向。尽管在海河工程处中赵朴既是党员、厂长，又是工程管理委员会主席，但在委托代理结构中，由于上级领导机关对企业发展状况存在明显不对称的问题，道德风险的存在促使上级委托人期望出现监督人来获取代理人（企业）的更多信息。但是监督人和代理人之间又存在"组织中合谋"②的风险。因此，在进行制度设计的时候，防止"合谋"的出现是解决委托代理问题的关键。确立党组织对企业的思想和组织领导正是为解决"合谋"问题进行的制度创新。

工厂管理委员会对工厂实行集体领导，将上级企业领导机关规定的生产计划、指示和工厂的实际情况相结合，集体讨论并决定和工厂生产管理有关的重大问题。各部门的管委会则通过生产竞赛、设立意见箱、下发意见纸③等工人反馈方式改进部门管理制度，以增进工人群众做主人翁的感觉。进一步，通过职工代表大会组织密切联系职工，将上级领导的决定传达给职工，并将职工意见反映到管委会的组织，发扬职工群众的积极性和创造性，吸取群众意见，依靠群众增加生产、改进工作。④1949年11月，海河工程处成立了管理委员会，厂长、工程师、副工程师、工会主席以及一定数量的工人代表是管委会的主要成员。⑤生产机构浚挖队和修理厂等相继成立分管理委员会，实行民主管理。⑥整个组织呈现出干部参与生产、工人参与管理，党员和积极分子贯穿其中的平等、协商机制。

工厂组织政治化以及引入平等协商机制为中国的现代化发展提供

---

① 李晚莲. 毛泽东时代的国企职代会与国家基层治理逻辑［J］. 开放时代，2012（10）：45-54.
② TIROLE J. The theory of industrial organization［M］. Cambridge，MA：MIT Press，1988.
③ 海河工程处生产竞赛总情况［A］. 天津航道局档案：行政永久，1951-1：1-2.
④ 浚挖队成立管理委员会总结报告（1949年12月30日）［A］. 天津航道局档案：行政永久，1949-10：7.
⑤ 华北人民政府. 关于在国营、公营工厂企业中建立工厂管理委员会与工厂职工代表会议的实施条例（草案）［M］//汝信，王萍，王蓉蓉，等. 中国工人阶级大百科. 北京：中国国际广播出版社，1992.
⑥ 周星笳. 天津航道局史［M］. 北京：人民交通出版社，2000：86.

了社会动员与整合的组织基础。[①]一方面，通过政治思想的引导以及党员和积极分子的模范带动作用动员全体工人群众的积极性。尽管党组织对工厂的行政管理进行监督，但是实际上直接行使行政管理权。在党对人事任命占绝对领导地位的情况下，可以形成具有政治向心力的威权关系[②]，而思想号召与威权关系的结合可以保持劳动者的生产热情，这大大降低了生产"协商"的高昂成本。另一方面，与固有观念国企缺乏利益动机不同，海河工程处在薪酬方面也给予了工人很大的激励。普遍来说，级别与工资成正比，技术工人工资高于行政工人，同等技术级别的情况下，党员工资更高。[③]虽然党委掌握着最终人事权，但工人的主管同样重要，"提升职员需要首先由主管提出意见"[④]。这种关系近似企业内部又一次发包，企业主要管理者将具体任务发包给各个生产小组。这使得在此后党委领导的生产竞赛运动中，每个工作小组或者修理厂工人存在物质和精神双重激励。这种激励促使工人积极投入爱国生产竞赛运动，从技术和制度上进一步对组织管理制度进行改良，个人和组织之间形成良性的互动。技术上，老年工人放弃了保守技术思想，努力提合理化建议，传授技术，进一步改进工作；修理厂、浚挖队、工务科都成立了技术学习班，实现技术群众化，使每一个工人都了解工程的要求，不但工作效率提高，保证了提前完成任务，而且节省了不少用料。[⑤]管理上，各单位建立科学管理的生产责任制，增强了工人阶级的主人翁意识，工人的责任心普遍加强，工作积极性大大增强；对管委会进行改组，使之能够及时答复和解决工人的意见，也能更好地推行学习并加强思想领

① 吕方. 单位社会变革与社会基础秩序重构：以东北某超大型国企组织变革为个案 [D]. 长春：吉林大学，2010.
② 路风. 单位：一种特殊的社会组织形式 [J]. 中国社会科学，1989（1）：71-88.
③ 参见：关于本局及所属工程处个别干部调整工资已奉部复原则统一抄发有关你处干部调薪清册希参照实行由 [A]. 天津航道局档案：行政永久，1951-5：56-58. 行政工人工资为230~240千克小米，而副工程师以上的技术干部普遍在350千克以上。
④ 海河工程处职工任免升调退休与退职的暂行规定 [A]. 天津航道局档案：行政永久，1951-13：44.
⑤ 海河工程处生产竞赛总情况 [A]. 天津航道局档案：行政永久，1951-1：1-2.

导，更能深入小组具体解决问题。①

四、企业制与行政化的权衡

海河航道疏浚、裁弯取直以及冬季破冰等需求随着租界扩张、进出口贸易增长而增长；但由于技术门槛高、工程量大以及耗资不菲，晚清政府以及地方政府难以完成，外方作为主要需求力量也难以克服中国民间的阻力治理海河。海河工程局便在这样的背景下成立，并作为"公益法人"的身份治理海河②，按照企业化公司制度运营。可以说，海河治理业务近似承包给了海河工程局，该局既不属于政府③，也不是营利性企业④。1945年后，海河工程局成为行政上隶属于水利委员会的事业单位，这引起了员工的不满。员工批评国民党接管后纳入水利委员会，不符合企业实际，因"本处主要组成为工人，而机关单位主要为职员"⑤。

中华人民共和国成立后，在企业管理制度变化的过程中企业内部提出了对行政化配置资源的反思。很多员工在20世纪50年代提出恢复完全企业化运营。中华人民共和国成立后在厂队工人方面实行的是企业化管理方式，机关行政制度仍不适合，工资福利、经费预算等制度需要变更，往返请示陈说，以致效率低下；但在党团领导方面，亦归企业系统之内。由于领导方面采取了企业化的民主管理方式，职工的觉悟也明显增强，在生产竞赛方面获得了很大的收获。海河工程处为工程建设机关，是以营业为目的的企业，但在生产规模以及业务方面，采取企业制度，施以科学的分工、民主的管理，则是十分必要的。拟请确定海河工程处自1951年起实施企业化管理方式，适用企业待遇，对于事业推动

---

① 爱国竞赛中浚挖队几项成功的管理制度［A］. 天津航道局档案：行政永久，1951-1：44-62.
② 龙登高，龚宁，孟德望. 近代公共事业的制度创新［J］. 清华大学学报（哲学社会科学版），2017，32（6）：170-182；197.
③ 海河工程处的资金来源于关税附加税，不属于中方，也不属于外方。
④ 海河治理的主营业务并不收取报酬，但是通过吹填、租赁、港口拖船等业务可以获得部分收入。
⑤ 为本处自1951年起实行企业化管理方式请核准由［A］. 天津航道局档案：行政永久，1949-1：51-52.

及费用划拨均机动处理，至于收支财务，则仍先本着原有制度办理。①但在中华人民共和国成立初期，意识形态对国企治理有着重要的影响，企业不仅存在于经济环境之中，还深受政治环境的影响，需要同时满足治理结构相对有效率与政治上合适性。②因此，在党员干部和技术干部之间寻求平衡的同时沿袭了官僚科层制的外壳，将海河工程处纳入行政框架内。不过企业内部的收支运作③和核心业务的进行在很大程度上仍遵循了长久以往的运作模式。这是行政化和企业制之间的权衡。从中华人民共和国成立初期的海河工程处来看，其对国企的治理并非铁板一块，只一种治理模式，而是灵活遵循了历史和现实的统一。

第三节　海河工程处治理结构变迁逻辑

一、从双头式到金字塔形的科层制

就上级领导机关来看，1945—1949 年，海河工程局受水利委员会的直接管理，而水利委员会接受国民政府行政院的管辖；1949—1952年，海河工程局（处）先后隶属于天津区军事管理委员会、华北人民政府华北水利委员会、华北人民政府华北水利工程局、水利部华北水利工程局、水利部以及交通部。尽管上级机关不断更替，但是上级机关对下级有绝对权威，可以通过各种考评机制引导下级的行为，权责分明结构带来的"强制性的协调"使得组织结构相对稳定。但是，首先，层级之间存在较长的委托代理链条，层级之间的信息传递缓慢、失真以及委托人对代理人的监督有限。其次，国民政府时期总工程师负责制的强化使得总工程师和厂长同时作为代理人，其代理者目标和上级委托人的委托

---

① 为本处自 1951 年起实行企业化管理方式请核准由 [A]. 天津航道局档案：行政永久，1949-1：51-52.
② 吴金群. 新中国成立以来国企治理结构变迁的政治根源 [J]. 中共宁波市委党校学报，2010（4）：23-28.
③ 海河工程处有工程受益费的收入，这是在海关附加税的基础上征收的专项收入，中华人民共和国成立后由财政部统一规定改为工程受益费。参见：为本处自 1951 年起实行企业化管理方式请核准由 [A]. 天津航道局档案：行政永久，1949-1：51-52.

目标之间存在差异和冲突。在企业管理中，"技术上多专家，而营业上往往不免疏忽，以致事业丛脞，功效稽迟，亟应积极补救"①，他们掌握着企业的经营管理大权。与私有企业只考虑经济利益不同，国有企业不仅需要考虑经济因素，还需要履行一定的政治目的。那么，在委托代理的过程中必然导致国家的政治意志难以落实到企业，缺乏公共价值取向下的公共理性必然导致政府在国有企业管理过程中出现"道德风险"，即第一层次的委托代理关系之间存在道德风险和逆向选择，不利于组织效率的最大化。

就企业本身组织系统来看，在国民政府时期，海河工程局由局长与外籍技术主任崔哈德以双头模式共同管理，下设秘书、三科、会计主任以及人事管理员。局长和技术主任的双头领导带来的权责不明，不仅导致个体难尽所长，与科层制相矛盾的领导原则也削弱了上级对下级的控制和协调。1949年中华人民共和国成立后，海河工程局在上级机关的领导下改组了旧式领导机构，按照指示，在天津的各机关外籍人员均被遣送回国。海河工程处包括崔哈德在内有4名外籍员工，但是由于技术人员的极度缺乏，为了避免过渡期间工程局的技术指导断层，海河工程局请天津市政府暂缓遣送②，在保证技术指导的同时削弱外国技术人员的权力，他们的地位在工程处主任之下、其他部门之上。同时，确立赵朴为厂长（工程处主任）的绝对权威，并令刘石担任海河工程处主任工程师，陈厚祁为副工程师③，其他部分领导直接对厂长赵朴负责，海河工程处形成了金字塔形的科层结构。

这种机构解决了国民政府时期双头领导带来的权责不明问题，且相对弱化了技术主任的权力，但是分明的等级导致权力集中于厂长。这样同样会产生两个问题：

首先，在企业科层委托链条中，厂长位于科层顶端，绝对权力

---

① 翁文灏，钱昌照. 告本会附属机关主持人员书 [J]. 资源委员会月刊，1939，1（1）：2-3.
② 关于本局外籍职员遣送回国经过情形 [A]. 天津航道局档案：行政永久，1949-3：14.
③ 派陈厚祁为副工程师 [A]. 天津航道局档案：行政永久，1949-1：30-31.

形成了上层和下层之间地位的不对等，必然造成其集中了大部分权力，那么，在组织在运行过程中，领导者存在抛弃组织规程的可能性，通过依靠个人权威管理工作，而权力的集中难以充分调动和保护下级生产的积极性，主观主义和官僚主义的盛行同样会降低组织的效率。

其次，在政府科层委托链条中，如何保证作为代理人的厂长和上层委托人（政府）目标利益的一致性。

二、从金字塔形的科层制到扁平化的工厂管理委员会

对国有企业而言，国家以某种特定的形式将国有企业委托给他人管理，委托代理关系在国家与国有企业负责人之间出现。[①]在海河工程处最初所实行的金字塔形的官僚科层制管理结构中，作为绝对核心的厂长是公众公共权力的代理人，其有动力为私利而滥用公共权力，带来腐败、效率低下等问题。

为了解决金字塔形的科层管理结构中个人权力过大导致公权力的滥用存在的委托代理问题，海河工程处于 1949 年 11 月成立了管理委员会，赵朴任主席，实行"工厂管理委员会和职工代表会议"的管理模式，各生产机构相继成立分管理委员会实行民主管理。管委会每半个月开会一次，并在会前先下发会议提纲供反映职工意见，会后下发会议纪要，向职工传达，月底管委会主席向职工报告一个月的工作总结及检讨，并答复职工之意见。[②]

首先，这是工人阶级作为国家政权的领导阶级参与制度设计的体现。吸纳相当数量工人的工厂管理委员是企业最高的行政管理机构，可以充分发挥群众的参与性，分散厂长的管理决策权。职工代表大会是管委会领导下的群众性组织，对其工作和管理提出批评和建议，也是有效发挥工人生产参与、限制公权力滥用的手段。

其次，工厂管理委员会的主席由厂长担任，厂长对工厂管理委员

---

① 刘欣. 当前中国社会阶层分化的制度基础［J］. 社会学研究，2005（5）：
1-25；243.
② 修理厂民主管理专题总结［A］. 天津航道局档案：行政永久，1951-1：66.

会进行领导依然确保了厂长在企业管理中处于核心地位，只要厂长和上级管理机关之间存在利益的一致性，厂长便能够较好地执行上级机关的经济任务和政治任务，上级机关和厂长之间委托代理过程中因隐藏信息和利益不一致而产生的道德风险和逆向选择问题就能较好地得到解决。

另一方面，工厂管理委员会也是自下而上充分发挥基层群众主观能动性的重要载体。也就是说，这一制度设计解决了企业内部委托代理中对基层代理人的激励问题，主要体现是在劳动竞赛中，从工人群众的角度提出改进生产管理的方法，给予肯定，并赋予工人们物质和精神奖励。1951年，在海河工程处管委会的领导下，浚挖队（分为塘大工区和海河工区）、修理厂（分为天津和新河两厂）、海河放淤工务所等开展了生产竞赛活动，海河工程局在撞凌工作量、放淤完工时间以及疏浚大沽沙航道等方面的效率均得到了大大提升。通过典型示范的方法推行技术群众化的制度，每一个民工都了解工程的要求。在推进生产竞赛的同时，各地还普遍开展了合理化建议运动。[①]

三、海河工程局（处）治理结构制度创新

国有企业具有经济和政治双重属性，其生产和发展依附所处的政治体系和政治环境。中华人民共和国成立初期，在战争或者国际社会孤立政策引发的全面危机中，制度的需求导致制度的引入必然扩宽制度的选择，更重要的是，现存的关于制度环境的思想体系受危机感影响，开始与实际、传统制度结合并进行创新。在土地革命时期，刘少奇认为，"没有建立真正的工厂制度，没有科学地去组织生产"[②]。中央调整了企业的生产管理模式，确立的"一长制"（厂长负责制），厂长之下设有工厂管理委员会，并在委员会内组织"三人团"，"由厂长党支部代表工会支部代表组织制"[③]。"三人团"制度有着明确且清晰的组织结构，

① 海河工程处1951年爱国生产竞赛运动（1—8月）[A]. 天津航道局档案：行政永久，1951-1：10-16.
② 刘少奇. 论国家工厂的管理 [J]. 斗争，1934（53）：4-9.
③ 张闻天. 中华苏维埃共和国人民委员会命令：中字第十六号（一九三四年四月十日）：苏维埃国有工厂管理条例 [J]. 红色中华，1934（175）：3.

厂长处于绝对权威，有权力决定和支配生产的一切问题。工厂管理委员会以及其常设机构"三人团"是厂长之下的建议机关，而非行政组织，其主要目的是协调工人和工厂的关系。"三人团"制度、"一元化"体制等探索和制度实践在中华人民共和国成立后海河工程局的制度变迁中都得以全面的展现，并进行了创新。基层是国有企业委托代理链条的最后环节，在解决委托代理问题制度设计时需要结合时代背景和企业自身的状况，工厂管理委员会的制度设计便是综合两者的选择，而背后所体现的便是加强党对企业的领导核心作用。

从宏观方面来说，基层政权巩固主要是通过恢复企业生产，创造更优的物质资源；从微观方面来说，工人开始参与企业管理，以实现其阶级权力和领导地位。

工人阶级是中国共产党最重要的阶级基础，因此获取工人的信任是稳定巩固政权的重要途径，这就需要从思想领域和管理领域凸显工人的主人翁地位，使工人值得依靠，从而巩固新生政权的阶级基础。中国共产党在接管企业时，采用的是"三原"（原职、原薪和原制度）政策，但是为了改变管理者的成分，也废除了国民政府时期的管理体制。不过新的领导干部缺乏实际管理。当管理进入企业内部生产部分，首先面对的便是每个具体的工人，工人们普遍是国民政府时期的旧职员，既包括下级职员，也包括技术人员。不同层次的工人面对政权更替反应不一，这就对企业管理人员需要采用不同的管理方式提出了要求，如何在照顾技术人员思想活动和顾忌的同时深入团结下级员工？其次，接管后尽管中国共产党废除了旧社会时期各种压迫性制度，工厂得以有效生产，但是在缺乏有效生产关系的基础上，不同职位的人并不能形成良好的配合，这导致始终缺乏"充满活力的劳动空间"①，生产力得不到解放，其中重要的原因是主人翁的意识形态宣传并不能从行动上彻底激发工人生产的积极性，主人翁意识的建立不是简单的"观念提纯"。一个组织良好的运转需要正确定位个人在组织中的位置，打开个体与组织之间的相互构造尤为重要。

---

① 符鹏. 天津解放初期工厂接管的历史实践与伦理意涵 [J]. 中共党史研究, 2017（6）: 54-70.

工厂管理委员会及其下属的职工代表会议为工人提供了参与生产管理的制度化渠道，通过将工人纳入管理层面，有助于在提高主人翁地位的同时确立新管理者的权威，对迅速恢复生产、强化国家对国有企业的管理至关重要。作为民主管理的制度安排，工厂管理委员会还是中国共产党充分发挥群众运动的重要组织载体。总之，工厂管理委员会是在党的领导下建立和安排的，因此从宏观上来说，企业生产和管理的制度形成更多是国家政权自上而下推动，而非企业自主发展，这是党和国家基于政治经济学的思维选择。①

无论是抗战结束后的国民政府还是解放战争结束后的中国共产党领导下的人民政府，海河工程局都采用正式行政机构的组织模式。近代对西方的学习是苏联制度引进的宏观背景，苏联在工业化过程中的高速发展为中国提供了一个可供参照的范本，并由中国共产党在革命根据地进行了制度实践。在探索国有企业管理的过程中，尽管并没有达到应有的效果，但还是为中华人民共和国成立后国有工厂进行民主建制提供了方向。中华人民共和国成立后，尽管确立了政治上的领导地位，但是在接管众多工业城市中如何将工人单纯的意识形态建立和主观能动性的调动相结合，如何确保在经济恢复和发展时期党和国家政策能够正确实现，是党和国家在生产领域面临的重要问题。为解决这些问题，中国共产党领导下的政府进行了工厂管理委员会的制度创新，并将党的组织和思想领导纳入了企业治理。

第四节　治理结构制度变迁的路径分析

一、强制性制度变迁

这种介入对于企业的制度变革来说是一种强制性的制度变迁。中国共产党接管海河工程局之后，组织结构的变化确立以赵朴为首的"一长制"（厂长负责制），厂长对各项事务拥有最终决定权。"在工厂内

---

① 汪仕凯. 工人政治的逻辑及其变革：职工代表大会制度研究［D］. 上海：复旦大学，2011.

部，厂长代表政府，集中管理工厂内部的一切"，以限制旧厂长的权力，并向政府负绝对责任。确保厂长在企业管理中的核心，并在职权范围内充分行使行政决策权，这是中国共产党对接管的国有企业实施的强制性制度安排，建立有效的权威体系也是现代化发展对国家政治层面提出的要求。

另一方面，有效的民主体系是保障国企权利、维护其合法性的重要因素；同时，走群众路线，"从群众中来，到群众中去"也是中国共产党一切工作的根本出发点和目的。1949年，天津召开了华北职工代表大会，在会议上通过了《关于在国营公营工厂企业中建立工厂管理委员会与工厂职工代表会议的实施条例》。根据该条例的内容，海河工程局于1949年11月成立了管理委员会，各生产机构相继成立分管理委员会实行民主管理；1950年，在党组织的领导下重组了职工代表会议，将工厂管理委员会作为企业统一领导机关，并通过这个机构使得工人有参与企业生产管理的制度渠道。该制度安排是党领导国家在经营管理国有企业中实施的强制性制度变革在海河工程处的重要体现。

二、诱致性制度变迁

从广义上来说，意识形态是一个团体关于世界的信念。林毅夫将意识形态具体定义为一套从道德上判断劳动分工、收入分配等的信念[①]，是团体中所有成员达成共识的认识、思想、价值等组成的非正式制度安排，反映的是整个团体的价值取向与利益取向。作为一种认知体系，这种信念与个人、集体行为密切关联，是行动的思想前提，制度安排是获取集体行动收益的重要手段之一。[②]在具体行动中，个人理性并不等同于集体理性，个人会因为自己的利益去寻求自身效益最大化，这很可能与集体利益产生冲突。但是集体行为同样可能产生

---

① 林毅夫. 关于制度变迁的经济学理论：诱致性变迁与强制性变迁 [M] // 科斯，阿尔钦，诺斯，等. 财产权利与制度变迁——产权学派与新制度学派译文集. 上海：上海三联书店，上海人民出版社，1994：384.
② 邱海洋. 制度变迁过程中的意识形态因素分析 [J]. 湖北经济学院学报，2006（3）：24-29.

个人单独工作时所不存在的问题，如"磨洋工"和搭便车等行为。因此，一些制度安排需要实现监督、强制执行等功能，而意识形态是减少提供其他制度安排的服务费用的最重要的工具，是个人与其环境达成协议的一种节约费用的工具。成功的信念需要不断保持创新和开放，兼收并蓄且不断自我更新，敢于纠错，调节团体之间的矛盾，减少摩擦进而提高整个组织的运作效率。信念的变化不仅能够促进制度变迁的实现，而且可以降低制度变迁中的交易成本，并通过给个人提供有选择性的激励，以克服搭便车、磨洋工等问题。

国民政府期间，海河工程局的工人常常因为领导与工会脱节以及工人工资、福利等诉求难以协商和满足而爆发工人纠纷。工人们的要求难以得到上级的满足，而领导又认为工人没有诚意，双方剑拔弩张。

1949年，中国共产党接管海河工程局后，军代表赵朴带领其他2名接管人员向职工讲明政策，办理船舶、厂房、设备、物资、文档等交接手续，然后深入到船上和车间跟班劳动，与工人群众打成一片，发挥中国共产党的优良作风，密切干群关系，树立了新的领导作风。这让工人群众体会到中国共产党领导的新风尚，自发坚持和捍卫中国共产党的领导。为了激发新时期工人的劳动积极性，提高干部觉悟，中国共产党根据彼时海河工程局留用工人的政治思想状况，结合党的中心工作和各项政治运动，对工人阶级进行思想政治教育。恢复工作的急迫性导致海河工程处干部分散，为了顺利进行思想政治教育工作，海河工程处与官厅水库工程局在组织单位负责人的领导下，进行政治学习。政治学习主要分为两方面内容：一是在民主运动中，重点对工人进行了"何为工人阶级"以及"劳动创造世界"的意识教育，逐步树立工人们的主人翁意识和劳动观念；二是在职工中广泛宣传爱国主义和社会主义，使工人充分认识到党与工人阶级的联系，树立工人阶级管理国家政权的思想。思想政治教育将工人的利益与企业的利益进而与国家的利益结合。为了充分调动工人生产积极性、发挥工人的主人翁意识，下属机构分别建立了"学习制度""与工人谈话制度""意见箱制度"等，启发群众勇于提意见的负责态度，"几个月来提出意见248件，合理的一概采纳"。①主人翁思想的普及加上实际行动的落实使得党的威信得以提高，"现在太民主了……可以任何时候在办公室内和厂长谈话了"②。在工人们"主人翁"意识开始崛起时，海河工程局建立了工厂管理委员会和职工代表会议制度，党通过观念教育以及相应的制度设计消除了工人们的顾虑，党组织和工人信念的统一在短时间内有利于凝聚力量进行恢复性建设以及重新建立健全制度体系。

三、政府的力量

党的领导对于企业治理变迁至关重要，实现了企业利益与国家利益的统一，从而可以集中力量办大事。建立一致信念、实现观念上的"提纯"是有效调动组织中个体的主动创造性的思想基础。工厂管理委员会和职工代表会议的制度在保证厂长领导地位的前提下，充分给予工人参与企业管理的途径，通过工人自下而上参与企业管理是诱致性制度变迁的重要途径，其中重要形式是工人群众通过合理化建议的方式改革企业经营管理制度与工作方法。其组织者和推动者正是党组织。

在1950年的生产竞赛开展过程中，工人的积极性大增。但是生产的快速发展暴露了工厂中陈旧管理制度的弱点，如机器工具无人负责、工序紊乱互推责任、分工不明确、生产上无人员责任制等，这些现象造成了生产中存在大量的浪费现象。为了解决这些问题，各个小组工人群众自发建立了一些制度，如分工流水制、检查制等，然而实际生产中并未能将这些制度进一步系统建立起来进而普遍推广。在党员干部的领导下，工人群众将情况上报管委会，在管委会调查和研究的基础上，认为有必要在职工自觉性和责任心的基础上建立严格的生产责任制，厘清全厂每一部门、每一职工的工作范围和职责，落实每项任务以及每一机器和工具的负责对象。

生产责任制的建立先以工作性质较复杂而党员和团员多的机器厂作

---

① 海河工程处爱国生产竞赛运动总结 [A]. 天津航道局档案：行政永久，1951-1：14.
② 海河工程处爱国生产竞赛运动总结 [A]. 天津航道局档案：行政永久，1951-1：14.

为典型，行政工会干部亲自深入小组研究讨论，然后将结果通过工会发到各小组参考，并征求意见。党政工团思想一致、行动一致，每种责任制建立之初都事先讲清楚为什么；介绍厂内先进小组的经验，说明这些是工人群众在工作中根据需要进行的伟大创造；首先在党员、团员内扫除思想障碍，同时将管委会、工会所收集的意见综合在一起，在党团内开展讨论分析，经过工会再到群众中去宣传解释。①建立生产责任制是走向经济核算发展生产的重要的和必经的步骤，只有把生产责任制建立起来，做到人人有责、事事有人，才能提升员工的技能水平和领导的管理能力，为大规模建设奠定基础。②由下至上产生的生产责任制是中华人民共和国成立初期对国有企业治理模式探索而进行的诱致性制度变迁。诱致性制度变迁主要是制度变迁主体因为制度需求而产生的自发性变迁，这类变迁体现了制度变迁的路径独立之特征，反映的是制度变迁主体的制度创造。

此外，在劳动竞赛过程中企业给予了积极参与合理化建议的工人以物质和精神鼓励，广泛动员工人群众积极参与生产并为改进管理出谋划策是提高生产效率最常见的手段。"这也是企业与市场隔离，内部缺乏自主经营权和增效动力的体制缺陷时采用的一种直接针对劳动者的激励增效办法。"③

四、治理结构制度变迁中的多层逻辑

强制性制度变迁和诱致性制度变迁路径结合的制度变迁模式必然涉及多重机制的有机统一，在这些过程机制的相互作用中才能清晰地认识到它们各自的作用和影响，进而对制度变迁作出全面的理解。制度逻辑是指某一领域中稳定存在的制度安排和相应的行动机制，它塑造并形成了相应的行为方式④，并提供了宏观、中观以及微观层

---

① 海河工程处新河修理分厂全厂普遍建立生产责任制的总结 [A]. 天津航道局档案：行政永久，1951-1：106-107.
② 海河工程处浚挖队普遍建立生产责任制的总结 [A]. 天津航道局档案：行政永久，1951-1：109.
③ 林超超. 生产线上的革命——20世纪50年代上海工业企业的劳动竞赛 [J]. 开放时代，2013（1）：146-164.
④ 周雪光，艾云. 多重逻辑下的制度变迁：一个分析框架 [J]. 中国社会科学，2010（4）：132-150；223.

面上的分析角度。就企业的制度变迁而言，从宏观到微观主要反映的是国家、企业本身以及工人三者之间的互动以及三个行为主体所反映的三种制度逻辑——国家（或执政党）的逻辑、企业的逻辑以及工人的逻辑，每个行为主体在制度变迁的过程中形成了某种特定的行为模式。

（一）国家（或执政党）的逻辑

对新生政权而言，要想尽快恢复发展经济，产生良好的执政效果，必须实现执政的规范。就民众层面而言，主要是赢得支持和拥护；就国家层面而言，主要是运用国家机器实现有效的国家治理。国民党取得政权后，既没有否认私人资本发展工业的重要性，也没有明确主张建立苏联式的计划经济体制，因此难以从国家层面进行资源的合理调配，导致海河工程局在1945年后船舶所必需的煤炭经常性不足或者煤炭质量不高，挖泥船效率较低，无法正常工作；财政上的困难致使挖泥船发动机修理工作不能及时跟进，疏浚工作常常推迟到4月份以后。中华人民共和国成立后高度集中的计划经济管理模式主要体现在国家赋予企业管理者高度垄断的权力，且管理者是中国共产党党员，思想政治利益的一致性加强了国家对企业的渗透能力以及不同企业间资源有效配置的能力。

（二）企业的逻辑

地方国营重工业作为理性的主体，其负责人必然追求效益的最大化，遵循稳定的科层制逻辑。20世纪30至40年代，中国社会经历的持续性危机使得行政机构的组织模式在国营企业中得到了进一步的自我强化，外在的环境诱导促使企业负责人在贯彻落实国家政策的情况下有动力进行内部制度创新，以促进生产的发展。指令性的计划经济模式赋予地方企业负责人在管理上的垄断权力，"政党体系和科层体系相叠合的领导结构"以及党组织对企业的思想领导在很大程度上给予的领导者政治顺从的正向激励促使领导者希望与中央的利益达到高度一致。

（三）工人的逻辑

作为最终的微观经济行为主体，也是基于利益最大化或者发展机会最大化的"理性人"，只要制度变迁能够带给他们较大的收益或者带来较好的发展前景，他们便会有动力对制度变迁作出积极响应，从而导致制度变迁在微观行为上形成良性循环。在企业发展过程中，工人的生产效率和对企业的认同感至关重要，企业只有尊重工人以及最大程度保证并肯定工人的劳动成果，才能使得双方关系呈现良性循环。中华人民共和国成立后，民主管理制度的建立、工人意见得以采纳等充分肯定了工人的主人翁地位，通过劳动竞赛建立生产责任制，对工人进行物质奖励和精神肯定是内在激励机制的重要方式。最重要的是，在快速恢复经济、建设工业化的前提下，国家意识形态的强化加上党对国家的绝对领导使得国家—企业—个人之间形成了强制性的上下依附结构，这种依附结构使得工人个体的生产发展依赖企业、依赖国家，个人的生活机遇与国家利益诉求的一致使得制度变迁的阻力较小。

工厂管理委员会以及党组织思想和组织领导下的企业治理安排体现了制度变迁中国家（或执政党）的逻辑、企业的逻辑以及工人的逻辑的有机统一，也体现了中国共产党在中华人民共和国成立初期进行国有企业治理模式探索中，结合实际情况和总结根据地实践经验而进行的创新，是强制性制度变迁和诱致性制度变迁的统一。

综上，海河工程处可以作为中华人民共和国成立初期国有企业的一类代表，技术密集，业务成熟，历经多个时期而存在。1949年之后治理模式的变化体现了党和国家对国企治理的探索，探索中体现了国家（或执政党）的逻辑、企业的逻辑以及工人的逻辑的有效统一。党的思想和组织领导的介入，又为这种模式提供了政治保证和群众基础。海河工程处在中华人民共和国成立前后委托代理治理结构的制度变迁充分体现了以中央政府为主体而进行的自上而下的强制性制度变迁模式，这种政府主导的政策试验赋予中国体制内较强的适应能力，以至于在近代社会急剧变化的环境中可以较好地应对。厂长负责制、工厂管理委员会制度以及党组织的思想和组织领导是强制性变迁的体现，制度的需求导致其引入和实践必然拓宽制度选择，并结合自身实际在一致信念建立的基础上，充分发挥群众的力量对现有生产制度进行变革而产生了诱致性制度变迁。诱致性变迁路径背后体现的是对现有制度选择的创新。诱致性制度变迁和强制性制度变迁中体现的是国家（或执政党）的逻辑、企业的逻辑以及工人的逻辑的统一，也体现了在中华人民共和国成立初期国有企业治理模式中强制性制度变迁和诱致性制度变迁的统一。

第五章 中国水运建设企业的技术发展研究——以天津航道局为例

随着技术快速发展，新技术成果的应用给人类社会发展带来的影响日益凸显，技术进步问题越来越受到世界各国和各类学者的广泛关注。技术作为推动生产力发展的重要因素，已经成为近现代国家经济、社会、政治和文化等发展和强盛的重要基础和关键所在，也在国家间竞争方面有着特殊的战略地位，因而技术进步已成为一个被世界各国普遍关注的问题。党的二十大报告指出，到二〇三五年，我国发展的总体目标是：经济实力、科技实力、综合国力大幅跃升，人均国内生产总值迈上新的大台阶，达到中等发达国家水平；实现高水平科技自立自强，进入创新型国家前列。发展中国家长期经历技术落后、经济发展缓慢的被动局面，越来越意识到在与其他国家竞争时，只能通过超常规的发展方式来提高自己的地位，进而赶上发达国家，而这种超常规方式只能是具有巨大超越能力的技术进步。我国作为世界上最大的发展中国家，在经历过以技术引进为主的技术追赶过程、缩小了同发达国家之间的技术差距之后，已逐渐意识到技术开发、自主创新才能避免"中等收入陷阱"，才是实现长期、可持续技术进步的根本之道。然而在理论研究方面，目前学术界对技术进步问题的研究尚没有形成完整的理论体系，而且研究视角较为狭窄，大多从宏观角度予以解读，缺乏对微观行业、企业的深度研究。

本章通过对天津航道局有关档案资料的考察，拟运用定性和定量研究方法、案例分析法和跨学科分析法，聚焦中华人民共和国成立后天航局的劳动生产率问题，并探究其与技术进步之间的微观作用机制；通过基于对天航局的调查分析结果，加之对疏浚行业百年技术进步机制的整理，上升至宏观层面，从技术进步的视角看待当前国家的经济增长问题。

第一节　劳动生产率与技术进步[①]

一、劳动生产率的内涵与定义

解放和发展生产力是社会主义本质的重要内容，而劳动生产率或劳动生产力[②]是表示生产力发展水平的核心指标。明确"劳动生产率"这一概念，对于寻找提高劳动生产率水平的途径来说是一项非常重要的基础性工作。

在西方经济学中，最早将劳动生产率简称为生产率。重农学派代表魁奈提出的生产率概念实质上就是劳动生产率。Kaplan 和 Cooper 认为生产率是对某生产单位的物质投入与该生产单位物质产出的比较。[③]Moseng 和 Rolstadas 认为生产率是在全部资源消耗最小的情况下满足产品或服务的市场需求的能力。[④]以上学者虽然从不同角度给出

---

　　① 耿晖. 天津航道局技术进步研究 [D]. 北京：中国政法大学，2020.
　　② 在《资本论》第 1 卷的名目索引"劳动生产率"条中，实际上有很多内容是论述"劳动生产力"的。劳动生产力发展水平往往用"劳动生产率"这一指标来表示，劳动生产率是劳动生产力发展水平的表现。因此，一般来说，"劳动生产力"和"劳动生产率"这两个概念可以通用。
　　③ KAPLAN，COOPER. Cost and effect [M]. Boston：Harvard Business Press，1998.
　　④ MOSENG B，ROLSTADAS A. Success factor in the productivity process [R]. Hong Kong：World Productivity Congress，2001.

了生产率的定义，但生产率的基本内涵具有一致性，即"生产率是投入产出之比"。

如今关于"劳动生产率"这一概念，经济学界至少有以下几种不尽相同的定义。

在斯蒂格利茨的《经济学》[①]一书中，劳动生产率是一个宏观经济指标。[②]斯蒂格利茨有时把它定义为人均产出或人均GDP，有时又将之定义为每小时产出，而并没有说明这两种定义的区别和联系。

美联储前主席本·伯南克提出，生产率的定义是每个工作小时的产出或每个就业者的产出（产出一般指GDP）；在经济合作与发展组织的统计指标体系里，"劳动生产率"这一指标也位列其中。该组织也是把"劳动生产率"定义为"每个工作小时的产出"或"每个就业者的产出"。

斯蒂芬·罗宾斯在《管理学》[③]中把生产率定义为产出与投入之比，产出用产品或服务的销售收入来表示，是产量与价格的乘积。获取资源并将资源转化为产出所需成本表示投入。

在《资本论》及《资本论》手稿中，马克思对"劳动生产率"或"劳动生产力"所下的定义有三种："劳动生产力的提高，在这里一般是指劳动过程中的这样一种变化，这种变化能缩短生产某种商品的社会必需的劳动时间，从而使较小量的劳动获得生产较大量使用价值的能力。"[④]同时，马克思认为劳动时间包含了对象化劳动时间（所耗费的生产资料）和活劳动时间（工作小时数）[⑤]；"在一个劳动小时内所能生产出来的商品量"[⑥]"在一定时间内一个劳动者所能生产出来的商品

① 斯蒂格利茨. 经济学 [M]. 梁小民，黄险锋，译. 5版. 北京：中国人民大学出版社，2000.
② 在《经济学》一书中，斯蒂格利茨介绍了"生产率"这一概念。实际上，在西方经济管理学中，"生产率"和"劳动生产率"是同一个概念。正如下文所论述的，在美联储前主席伯南克的思想中，"生产率"和"劳动生产率"是同一个概念。
③ 罗宾斯. 管理学 [M]. 孙健敏，黄卫伟，王凤彬，等译. 7版. 北京：中国人民大学出版社，2004.
④ 马克思，恩格斯. 马克思恩格斯文集：第5卷 [M]. 中共中央马克思恩格斯列宁斯大林著作编译局，译. 北京：人民出版社，2009：366.
⑤ 马克思，恩格斯. 马克思恩格斯文集：第31卷 [M]. 中共中央马克思恩格斯列宁斯大林著作编译局，译. 北京：人民出版社，1998：63.
⑥ 马克思，恩格斯. 马克思恩格斯文集：第5卷 [M]. 中共中央马克思恩格斯列宁斯大林著作编译局，译. 北京：人民出版社，2009：368.

量"①。需要注意的是，马克思对"劳动生产率"所下的后两种定义是在企业层面上使用的；国际劳工组织（International Labour Organization）对外发布的《劳动力市场主要指标》（KILM）介绍了有关总体经济的劳动生产率的信息，其中劳动生产率被定义为每单位劳动投入的产出（雇佣人数或工作时间）。

我国传统经济理论把劳动生产率定义为劳动者的生产效果或能力。通常是用劳动者在单位时间内所生产的产品数量计算或是用单位产品所耗费的劳动时间计算，用公式表示就是：劳动生产率=劳动产品/劳动时间。

宫希魁②提出劳动生产率含义并不是一个唯一层次的简单规定，而是一个多层次的结构系统。它有一般含义、特殊含义、统计指标3个层次。

李京文等通过对1953—1995年这一长历史周期中生产率与经济增长率的度量，得出二者之间呈现正相关趋势的结论，并指出我国生产率增长贡献率与产业结构及出口商品质量之间的关系。③

张金昌用不同的计算方法，从企业、制造业和国家3个角度进行了劳动生产率的国际比较，计算结果表明：和大家普遍接受的观点相反，中国的劳动生产率并非低于发达国家，而是高于发达国家。④

高雷业指出了劳动生产率的7种定义及其应用价值，为寻找提高劳动生产率的途径奠定了基础。高雷业对于劳动生产率各个定义的区别与联系进行了阐述："人均GDP""每个工作小时的产出""每个就业者的产出"这3种定义可以作为宏观经济指标，其中后两个指标可以互换；"每个工作小时的产出"和"每个就业者的产出"这两种定义的劳动生产率，既可以用于宏观经济统计，又可以作为企业层面的微观经济统计

① 马克思，恩格斯. 马克思恩格斯文集：第5卷［M］. 中共中央马克思恩格斯列宁斯大林著作编译局，译. 北京：人民出版社，2009：366.
② 宫希魁. 劳动生产率与社会就业［J］. 学术论坛，1984（3）：28-30.
③ 李京文，龚飞鸿，明安书. 生产率与中国经济增长［J］. 数量经济技术经济研究，1996（12）：27-40.
④ 张金昌. 中国的劳动生产率：是高还是低？——兼论劳动生产率的计算方法［J］. 中国工业经济，2002（4）：34-40.

指标。①

马延亮系统梳理了单要素（劳动、资本）生产率和全要素生产率的提出和研究进展，论述了劳动生产率、资本生产率和全要素生产率的内存关系。②

二、技术进步的内涵

经济学家在研究经济增长的过程中关注技术进步。18世纪中叶，古典经济学的代表人物亚当·斯密就认识到了技术进步与经济增长之间的关系。他认为，虽然提高劳动生产率的根本原因是分工，但其中也包括技术进步，因为分工之所以有助于经济增长，在于分工有助于技术进步。③马克思批判了古典经济学家对劳动分工与技术进步、资本积累与技术进步之间关系的错误观点，对技术进步思想作了较全面的分析，指出了技术进步与资本积累的统一性。

经济学中的技术进步不仅是一个技术概念，也是一个经济概念。在西方经济学中，技术进步又叫技术变化，原意是指技术变革在现实经济增长目标中取得的进步，即只有在技术变革取得经济增长时，才是技术进步，它有很强的目的性。

索洛④在其著作中提出，技术进步从短期来看是生产函数任何一种形式的移动（变化），经济的加速和减速、劳动力教育状况的改进以及各种各样使得生产函数发生移动（变化）的因素都可以归入技术进步之中。

袁嘉新提出技术水平及技术进步的度量是个比较复杂的问题。所谓技术水平是指某一系统某一时刻所拥有的硬技术与软技术的状

---

① 高雷业. 劳动生产率的七种定义及其应用价值 [J]. 经济问题探索，2014（12）：157-162.
② 马延亮. 生产率理论进展及生产率的内在关联性研究 [J]. 宏观经济研究，2017（11）：180-187.
③ 在其巨著《国民财富的性质和原因的研究》中，亚当·斯密指出："有了分工，同数劳动者就能完成比过去多得多的工作量，其原因有三：第一，劳动者的技巧因业专而日进；第二，由一种工作转到另一种工作，通常须损失不少时间，有了分工，就可以免除这种损失；第三，许多简化劳动和缩短劳动的机械的发明，使一个人能够做许多人的工作。"可见，亚当·斯密应该是最早强调技术进步对于经济增长具有重要作用的经济学家。
④ SOLOW R M. A contribution to the theory of economic growth [J]. Quarterly Journal of Economics，1956，70（1）：65-94.

况。[①]它是一种静态的指标。技术进步则是指技术水平的提高，是一种动态的指标。

张金锁[②]及裘子法等[③]均在其各自著作中指出，技术进步有狭义与广义之分。狭义技术进步主要指自然技术（如硬技术）的变革对经济增长产生的作用。

孙敬水指出现代经济增长以广义技术进步不断提高为特征，主要体现在各种资源（人力、物力、财力等）的合理利用与节约，技术、工艺、装备水平、劳动者素质的提高，管理、决策科学化等。因此，所谓广义技术进步是指所有一切使生产要素生产率得以提高的因素，并在度量上表现为综合要素生产率的增长。[④]技术进步包含两个不可分割的含义：①技术本身的变革、发展；②技术发展对经济增长产生的作用。故技术进步可被定义为：在技术创新使技术不断发展的基础上，实现技术与经济的密切结合与协调，使一定生产要素投入获得超出投入量的产出过程。

钟学义和陈平认为，对于技术的不同理解，导致人们对什么是技术进步没有形成统一的认识，而且有狭义的技术进步与广义的技术进步之分。[⑤]狭义的技术进步主要指在硬技术应用方面所取得的进步，即"技术的进步"；广义的技术进步即经济学意义上的技术进步，则是投入产出过程转换效率的提高。

总之，技术进步要与一定的生产力水平的增长相联系，是一个系统、相对、动态的概念。广义的技术进步包括硬技术进步与软技术进步。出于行业特点和历史数据可得性方面的考量，本章主要关注的是疏浚行业中的硬技术进步要素。

---

　　① 裘子法，尹才喜，亢政刚，等. 科技进步及其评价和案例 [M]. 北京：北京科学技术出版社，1993.
　　② 张金锁. 技术经济学 [M]. 北京：中国经济出版社，1993.
　　③ 裘子法，尹才喜，亢政刚，等. 科技进步及其评价和案例 [M]. 北京：北京科学技术出版社，1993.
　　④ 孙敬水. 测度广义技术进步增长率的新方法 [J]. 预测，1996（3）：67-68；58.
　　⑤ 钟学义，陈平. 技术，技术进步，技术经济学和数量经济学之诠释 [J]. 数量经济技术经济研究，2006（3）：156-161.

三、技术进步的测算方法

目前较为常见的技术进步的测算方法包括指标法、生产函数法，以及以数据包络法（DEA方法）、综合分析法等为代表的其他方法。根据天津航道局的行业特性及技术特性，结合实际数据收集情况，本书在此采用指标法。它是采用一组不同指标来评价科技进步，从不同侧面反映被测评对象的科技进步状况，较具体，便于分析比较。

原国家计委提出的评价企业科技进步的指标体系包括：新产品净产值率、利税率或新产品开发数、投产数；出口产品净产值率、创汇率或出口产品开发数、投产数；产品质量稳定提高率、产品优质率、采用国标和国际标准数；主要产品消耗（物耗、能耗）或万元产值综合消耗（物耗、能耗）；技术开发人员占工程技术人员总数比例；技术开发经费占销售额比例；自筹技术改造资金投入额；全年职工培训时间（人·天）等。

裘子法等提出了评价工业科技进步的指标体系。[1]其将劳动资金产出率 $A_1 = Y_1/(L_1 \cdot K_1 \cdot W_1)^{1/2}$ 作为技术进步状态指标。式中：Y_1 表示计算期净产值实额；L_1 表示计算期职工数；K_1 表示计算期生产资金；W_1 表示计算期职工平均工资。由于此项指标与本书研究的劳动生产率指标相关密切，因此本书实证部分未予以采用。

肖耀球（2003）根据我国现行统计指标体系，从需求、供给和生产要素方面重新设计了一套经济增长因素实证评价体系，并运用湖南的多年历史数据进行了实际测算分析。

第二节　技术进步对天津航道局劳动生产率的影响研究

一、天航局的劳动生产率变化趋势

（一）劳动生产率指标的确定

根据对现有文献资料的学习，本书在天航局劳动生产率指标的建立

---

① 裘子法，尹才喜，亢政刚，等. 科技进步及其评价和案例 [M]. 北京：北京科学技术出版社，1993.

方面拟采取高雷业先生《劳动生产率的七种定义及其应用价值》一文中的建议。[1]因此，在核算天航局劳动生产率时具体使用"一定时间内每个就业者所创造的收入"指标。

（二）天航局劳动生产率的计算[2]

1949—1999年天航局劳动生产率表参见表5-1。

表5-1　　　　　1949—1999年天航局劳动生产率表

年份	产值（万元）	平均职工总数（人）	劳动生产率（元／人·年）
1949	64.75	854	758.151054
1950	264.78	971	2 726.887745
1951	100.30	1 061	945.318567
1952	—	—	—
1953	717.63	3 661	1 960.190931
1954	561.37	3 885	1 444.964994
1955	1 049.00	3 885	2 700.128700
1956	1 096.00	2 790	3 928.315412
1957	31.00	1 794	172.798216
1958	433.00	2 143	2 020.531965
1959	822.00	2 405	3 417.879418
1960	708.00	2 517	2 812.872467
1961	329.00	2 187	1 504.343850
1962	214.00	1 464	1 461.748634
1963	210.66	1 599	1 317.448405
1964	464.15	1 798	2 581.479422
1965	1 239.39	2 050	6 045.804878
1966	1 736.53	2 103	8 257.394199

①　高雷业. 劳动生产率的七种定义及其应用价值［J］. 经济问题探索，2014（12）：157-162.

②　缺失的数据使用指数平滑进行处理。

续表

年份	产值（万元）	平均职工总数（人）	劳动生产率（元／人·年）
1967	1 711.73	2 190	7 816.118721
1968	853.83	2 220	3 846.081081
1969	730.97	2 293	3 187.832534
1970	870.76	2 472	3 522.491909
1971	960.70	2 709	3 546.327058
1972	1 914.39	2 834	6 755.081157
1973	2 213.66	3 014	7 344.591904
1974	2 451.14	3 386	7 239.043119
1975	3 336.20	4 212	7 920.702754
1976	3 057.80	4 776	6 402.428811
1977	4 118.30	4 964	8 296.333602
1978	4 983.70	5 128	9 718.603744
1979	3 571.90	5 491	6 505.008195
1980	3 781.30	5 594	6 759.563818
1981	3 227.37	5 557	5 807.755983
1982	4 237.25	5 706	7 425.955135
1983	5 054.72	6 421	7 872.169444
1984	6 100.58	6 394	9 541.101032
1985	6 433.20	6 323	10 174.284360
1986	7 634.02	6 373	11 978.691350
1987	8 366.77	6 489	12 893.774080
1988	11 604.39	5 138	22 585.422340
1989	13 827.03	5 065	27 299.170780
1990	14 630.24	5 035	29 057.080440

续表

年份	产值（万元）	平均职工总数（人）	劳动生产率（元／人·年）
1991	16 625.16	5 038	32 999.523620
1992	22 339.67	5 017	44 527.944990
1993	28 845.49	4 997	57 725.615370
1994	31 887.57	4 992	63 877.343750
1995	37 041.85	4 986	74 291.716810
1996	44 215.86	4 897	90 291.729630
1997	60 849.94	4 803	126 691.526100
1998	51 206.30	4 804	106 590.965900
1999	51 916.95	4 739	109 552.542700

资料来源：周星笳. 天津航道局史［M］. 北京：人民交通出版社，2000：408-412.

二、天航局技术进步核算

（一）技术进步指标的确定

技术进步是一个以科学为先导、以生产要素相互渗透为特征，通过技术要素的改善、技术系统结构功能的增强，在一定的时空内提高生产力水平的连续性的技术进化过程。[①]其具有继承性、相对性、客观性和社会性。企业是经济社会的细胞，从微观上来考察技术进步过程，就是具体分析企业的技术进步实现的过程。企业技术进步过程可以看作技术进步宏观过程的具体体现。由于施工技术程度难以进行量化，自主研发创新普遍出现于20世纪80年代，且集中于20世纪末，阶段性较为明显。因此，对天津航道局技术进步指标进行综合考虑，确定为装备技术进步与工程技术人员占比两个方面。由于疏浚工程的主要工具为挖泥船，因此本书采用天津航道局各个历史时期挖泥船的数量、马力数、疏浚作业效率3个指标综合度量其

① 裘子法，尹才喜，亢政刚，等. 科技进步及其评价和案例［M］. 北京：北京科学技术出版社，1993：23.

装备技术进步的状态。

（二）天航局1949—1999年技术进步的核算

1949—1999年天航局技术进步指标的核算参见表5-2。

表5-2　　　　1949—1999年天航局技术进步指标的核算

年份	挖泥船数量（艘）	挖泥船主机马力数（HP）	疏浚工程效率（立方米／工时）	平均职工总数（人）	工程技术人员数（人）	技术人员比重（%）
1949	11	7 904	125.2834225	854	23	2.693200000
1950	11	7 904	125.2834225	971	42	4.325400000
1951	11	7 904	125.2834225	1 061	52	4.901036758
1952	11	7 904	125.2834225	2 500	100	4.000000000
1953	15	15 139	166.0392157	3 661	168	4.588910134
1954	23	26 864	205.8312020	3 885	191	4.916344916
1955	21	25 464	201.4761905	3 885	213	5.482625483
1956	20	25 594	220.6029412	2 790	115	4.121863799
1957	20	25 644	228.7676471	1 794	73	4.069119287
1958	19	25 604	240.1424149	2 143	73	3.406439571
1959	20	25 644	228.7676471	2 405	92	3.825363825
1960	20	25 644	228.7676471	2 517	94	3.734604688
1961	13	23 763	288.1493213	2 187	61	2.789208962
1962	13	23 763	288.1493213	1 464	73	4.986338798
1963	13	23 763	288.1493213	1 599	87	5.440900563
1964	14	23 993	271.9789916	1 798	97	5.394883204
1965	14	23 993	271.9789916	2 050	108	5.268292683
1966	17	34 424	301.0761246	2 103	120	5.706134094
1967	16	34 304	319.0367647	2 190	112	5.114155251

年份	挖泥船数量（艘）	挖泥船主机马力数（HP）	疏浚工程效率（立方米／工时）	平均职工总数（人）	工程技术人员数（人）	技术人员比重（%）
1968	16	34 304	319.0367647	2 220	78	3.513513514
1969	16	34 304	319.0367647	2 293	43	1.875272569
1970	16	34 304	319.0367647	2 472	41	1.658576052
1971	16	34 304	319.0367647	2 709	38	1.402731635
1972	17	37 941	321.0311419	2 834	39	1.376146789
1973	18	38 771	310.5490196	3 014	52	1.725282017
1974	23	57 581	377.8465473	3 386	51	1.506202008
1975	27	78 721	400.5664488	4 212	73	1.733143400
1976	27	78 721	400.5664488	4 776	63	1.319095477
1977	27	78 721	400.5664488	4 964	67	1.349717969
1978	28		500.5668400	5 128	73	1.423556942
1979			550.6684400	5 491	250	4.552904753
1980	25		613.3883428	5 594	450	8.044333214
1981	27	87 021	711.4189866	5 557	620	11.157099150
1982			720.4768106	5 706	850	14.896600070
1983	23	80 500	717.3575902	6 421	1 041	16.212427970
1984	23		564.2432286	6 394	996	15.577103530
1985	24	81 660	549.4811605	6 323	1 007	15.925984500
1986	23	82 440	568.6543990	6 373	1 064	16.695433860
1987	25	90 349	544.1805555	6 489	1 167	17.984281090
1988	25	103 413	627.8796023	5 138	984	19.151420790
1989			764.2713507	5 065	1 000	19.743336620

年份	挖泥船数量（艘）	挖泥船主机马力数（HP）	疏浚工程效率（立方米／工时）	平均职工总数（人）	工程技术人员数（人）	技术人员比重（%）
1990			666.1604376	5 035	1 000	19.860973190
1991	25	108 687	622.6266534	5 038	1 016	20.166732830
1992	25	85 268	577.4440254	5 017	1 069	21.307554320
1993	25	87 194	705.2606467	4 997	1 041	20.832499500
1994	26	89 812	586.1098210	4 992	998	19.991987180
1995	26	89 657	645.1431516	4 986	1 026	20.577617330
1996	26	91 250	535.8338185	4 897	977	19.950990400
1997	25	89 343	511.3343738	4 803	997	20.757859670
1998	25	87 949	255.0500422	4 804	983	20.462114900
1999	24	88 052	445.6226787	4 739	1 036	21.861152140

资料来源：耿晖. 天津航道局技术进步研究［D］. 北京：中国政法大学，2020.

三、实证分析

（一）描述性分析

在表5-3中，L表示劳动生产率；T1表示实有挖泥船数量；T2表示挖泥船主机马力数；T3表示疏浚工程效率；T4表示技术人员占比。

表5-3 描述性分析

Variable	Obs	Mean	Std.Dev.	Min	Max
lnL	51	8.876	1.428	5.152	11.750
lnT1	51	2.993	0.286	2.398	3.332
lnT2	51	10.713	0.768	8.975	11.596
lnT3	51	5.888	0.514	4.831	6.639
lnT4	51	1.811	0.963	0.277	3.085

（二）单位根检验

对上述5个变量进行单位根检验，具体结果见表5-4。从单位根的检验结果中可以看出，所有变量原始数据均表现为不平稳；取一阶差分之后，ADF检验值均小于临界值，说明不存在单位根，一阶差分均表现平稳，说明变量之间具有相同的平稳性，可以对其进行协整分析。

表5-4　　　　　　　　　　　协整分析

变量	ADF	5%临界值	一阶差分	5%临界值	结果
lnL	−1.573	−2.930	−10.386	−2.933	I（1）
lnT1	−2.182	−2.930	−5.671	−2.933	I（1）
lnT2	−2.397	−2.930	−4.931	−2.933	I（1）
lnT3	−2.102	−2.930	−8.185	−2.933	I（1）
lnT4	−0.696	−2.930	−5.092	−2.933	I（1）

（三）滞后阶数检验

由表5-5中可以看出，模型的滞后阶数均为1。

表5-5　　　　　　　　　　　滞后阶数检验

Lag	LL	LR	AIC	SBIC
0	−96.9871		4.3399	4.5367
1	80.8698	355.71	−2.16467*	−0.983727*
2	96.5646	31.39	−1.7687	0.3964
3	118.742	44.354	−1.6486	1.5006
4	154.245	71.007*	−2.0956	2.0378

（四）协整检验

协整检验结果（见表5-6）表明，模型至多存在两个协整关系。

表5-6　　　　　　　　　　　协整检验

Rank	LL	eigenvalue	max	5% critical	原假设
0	152.4335		113.6215	68.52	None
1	176.5675	0.64982	65.3535	47.21	At most 1
2	190.2419	0.44818	38.0046	29.68	At most 2
3	202.9655	0.42489	12.5575*	15.41	At most 3
4	208.7196	0.22134	1.0492	3.76	
5	209.2443	0.02255			

lnL（劳动生产率）的标准化协整方程如下：

$$lnL = +3.3399lnT1 + 5.1229lnT2 + 4.0322lnT3 + 0.4497lnT4 - 12.6352$$
$$（1.75）^{*}　　（3.11）^{***}　　（2.21）^{**}　　（1.91）^{*}$$

由协整方程可知，lnT1 的系数为 3.3399，lnT2 的系数为 5.1229，lnT3 的系数为 4.0322，lnT4 的系数为 0.4479，说明 lnL 随 lnT1、lnT2、lnT3、lnT4 的增大而增大，即劳动力素质和装备技术的进步都与劳动生产率存在正向相关关系。其中，lnT2（挖泥船主机马力数）影响最大。

天航局技术进步各项指标与劳动生产率之间的协整检验表明，该企业技术进步与劳动生产率之间存在协整关系，即长期稳定关系，两者之间存在长期的共同发展趋势。长期来看，企业技术进步与劳动生产率之间存在均衡关系，即经济系统内不存在破坏均衡的内在机制；短期来看，劳动生产率会随着技术进步的变动进行误差纠正。

结合长期协整方程的表达式来看，这一结论的现实解释是：在疏浚行业中，装备技术进步（尤其是挖泥船的设备升级）对劳动生产率的提高具有显著的正相关性，技术人员在全部职工中占比的提高也对其具有一定的解释意义。进一步对装备技术进步这一指标进行纵向梳理，通过对现有档案资料的分析整理可以发现，1949—1999 年，天航局的装备技术进步大致经历了引进—改造—自主研发 3 个重要阶段。中华人民共和国成立以来，大规模国外先进船舶设备的引进，不仅大大丰富了天航局拥有的各项挖泥船类型，使其更具多样化，而且船舶性能的提升、技术含量的增加，也使得天航局疏浚作业效率迎来了大幅增长，天航局承接业务量增加，业务范围越来越广。同时，在船舶设备引进购买外国经验的基础上，天航局员工积极发挥主观能动性，发挥"干中学"的作用，对于国外引进的船舶进行因地制宜的改造，降低工程运行成本，提高效率。类似于此类改造的二次创新工作也为无法引进新技术设备的特殊时期我国疏浚事业以及国家建港工程的发展作出了预留性的方案准备，提供了保证生产的设备保障。由于自身技术水平的提高以及疏浚市场扩大的内在需求，天航局自 1978 年改革开放之后循序渐进地开始了自主创新的尝试。而在这 3 个疏浚技术进步的重要历史阶段中，天航局劳动生产率始终与之呈现协整关系。换句话说，劳动生产率在一定的历史时期与一定的技术进步演变模式之间存在长期稳定的共同发展关系。

（五）格兰杰检验

通过格兰杰检验（见表5-7）可以发现，lnL 是 lnT2 和 lnT4 的格兰杰原因；其余变量之间不具有格兰杰原因，即挖泥船主机马力数和技术人员占比的滞后变量对劳动生产率有一定影响。

表5-7　　　　　　　　　　　　　格兰杰检验

Equation	Excluded	chi2	P	原假设	结论
lnL	lnT1	3.67060	0.055	lnL 不是 lnT1 的格兰杰原因	拒绝
lnL	lnT2	2.56390	0.109	lnL 不是 lnT2 的格兰杰原因	接受
lnL	lnT3	0.31617	0.574	lnL 不是 lnT3 的格兰杰原因	接受
lnL	lnT4	4.40570	0.036	lnL 不是 lnT4 的格兰杰原因	拒绝
lnT1	lnL	0.40159	0.526	lnT1 不是 lnL 的格兰杰原因	接受
lnT2	lnL	1.65920	0.198	lnT2 不是 lnL 的格兰杰原因	接受
lnT3	lnL	1.28800	0.256	lnT3 不是 lnL 的格兰杰原因	接受
lnT4	lnL	0.00191	0.965	lnT4 不是 lnL 的格兰杰原因	接受

以上格兰杰因果关系检验表明，滞后为1期时，天航局劳动生产率（L）是其挖泥船主机马力数（T2）、挖泥船疏浚工程效率（T3）和技术人员比重（T4）的格兰杰原因。

由此可知，天航局装备技术进步指标与技术人员比重指标中均有与其自身劳动生产率之间存在计量意义上显著的格兰杰因果关系的部分，即天航局技术进步与劳动生产率之间在时序上存在计量意义上的相关性，这也验证了本书的猜想：企业技术进步与劳动生产率具有长期稳定的相关关系。其中，技术人员比重（T4）首先反映的是工程熟练程度，技术人员占比越大，工程的专业性与熟练性便越强；进而提高劳动效率，影响劳动生产率。由于挖泥船是疏浚行业的主要工具，挖泥船主机马力数（T1）的大小直接关乎船舶性能高低，影响到疏浚企业当年疏浚工程量，在职工数量相对稳定的条件下，这一数据的变化可近似反映劳动生产率的增减。以"三年大建港"时期（1973—1975 年）的数据为例。周总理提出三年改变港口面貌，于是在党和国家的号召下全国掀起了一阵建设港口的热潮，天航局作为行业龙头企业自然不甘落后。在此期间天航局大规模引进挖泥船，挖泥船数量快速增加。由于先进技术设备的引进，船舶性能大幅提升，挖泥船的主机马力数也由 38 771 HP 增长至 78 721 HP，增幅约为 103%。与此同时，其年疏浚量也实现了由 1 200.85 万到 2 465.9 万立方米的高达 105% 的大幅增长。综上，挖泥船数量指标与技术人员比重作为衡量疏浚企业技术进步的两方面因素，无论是逻辑上还是计量表现上，都与劳动生产率之间存在时序上的正相关或负相关关系。

值得注意的是，由格兰杰因果检验结果可知，挖泥船数量（T1）与劳动生产率（L）之间不存在格兰杰因果关系，即前者无法对劳动生产率的变动进行先验预测。由于行业特性、历史阶段性与数据可得性的限制，本书对于天航局这一疏浚企业技术进步的度量只考虑了其装备技术与技术人员比重两个方面，对于船只的折旧未能计算在内，这使得统计在册的船舶数量与船舶的实际使用情况存在一定的偏差，即实际能够达到正常利用率水平、产生经济效益的船舶与统计数据相差较大。

以"大跃进"时期（1958—1960 年）天航局的实际情况为例。当时天航局的广大干部职工以极大的热情在生产建设中发挥了高度的社会主义积极性和能动性，并取得了一定的成果，但船舶设备老旧，减少了设备使用期限。这也造成安全事故频频发生、生产管理混乱的局面。从当时天航局船舶的利用率数据来看，"大跃进"时期之后，天航局一、二类船舶数量只占全部船舶的一半左右，而设备实际利用率只有不到 1/3。但此种情况在实证数据中难以考察，在档案资料中显示的天航局挖泥船数量这一指标在 1961—1963 年均为 13 艘，说明官方并未将利用率的情况考虑在内。而影响企业劳动生产率的恰恰是未能考虑在内的实际得到利用的船舶数量。因此，单纯采用挖泥船数量这一数据对于结果而言会产生一定的误差，统计意义上的这一误差并不影响本书的研究假设，对下面的论证不会造成重大影响。

　　总结而言，对于天航局历史数据的实证检验结果符合假设：企业技术进步与劳动生产率之间存在长期稳定的相关性。提高劳动生产率的终极要义便是对于技术进步的不断求索。

第三节　制度环境与全要素生产率[①]

　　经济增长不仅需要量的投入，还需要考虑质的提高。在微观上，生产率与资本、劳动等要素投入都贡献于企业的增长。全要素生产率一般的含义为资源（包括人力、物力、财力）开发利用的效率。从效率的角度考察，生产率等同于一定时间内产出与各种资源要素总投入的比值。一般来说，产出的增长扣除投入增长之外就是全要素生产率的增长。全要素生产率是指产量与全部要素投入量之比。产出增长率超出要素投入增长率的部分为全要素生产率（TFP，也称总和要素生产率）增长率。全要素生产率的来源包括技术进步、组织创新、专业化和生产创新等。全要素生产率提高体现了技术进步和制度优越性。因此，估算全要素生产率有助于进行企业增长源泉分析，即分析各种因素（投入要素增长、技术进步和能力实现等）对增长的贡献，识别企业发展是投入型增长还是效率型增长，确定经济增长的可持续性，甚至估算全要素生产率是制定和评价长期可持续企业政策和制度改革的基础。具体来说，比较全要素生产率增长对企业增长与要素投入的贡献，就可以确定企业发展是应以开拓市场为主还是应以调整产品结构、促进技术进步为主。

　　学术界已经有大量文献在研究中国的全要素生产率问题，且存在非常大的争议。最具代表性的、结论存在较大差异的成果是 Young 和 Brandt 等的研究。以 Young[②]为代表的文献认为，中国和东亚经济的增长主要是靠投资拉动和人力资本积累等要素投入，全要素生产率的增长

　　① 熊金武，刘欣源. 国有企业治理绩效变迁——基于天津航道局全要素生产率的分析（1951—1978）[Z]. 北京：中国政法大学工作论文，2018.
　　② YOUNG A. The razor's edge: Distortions and incremental reform in the People's Republic of China [J]. Quarterly Journal of Economics, 2000, 115 (4): 1091-1135.

非常缓慢，年均增长速度在2%~3%，谈不上"东亚奇迹"。Young通过不同的方法对国家统计局公布的资本存量和价格指数等进行修正，计算1978—1998年TFP的年均增长速度只有1.4%。近些年的文献用企业层面数据对中国TFP进行研究。[①]Brandt等[②]对《中国工业企业数据库》作了很好的处理，发现1998—2007年TFP年均增长速度高达7.96%；增长速度越来越快，1999—2001年的TFP增长速度为2%~6%，2002—2007年为11%~16%。他们据此认为2001年加入WTO大幅度提高了中国工业企业的全要素生产率水平。

本节从全要素生产率视角对计划经济时期政治制度环境对企业绩效的影响进行实证研究，分析权力结构与产权制度对企业绩效的影响机制，为构建国有企业良好的政治制度环境提供实证支持。

一、计划经济时期企业制度环境分析

计划经济时期，我国企业[③]政治制度环境主要包括以管理层和劳动工人为主的权力结构和企业生产是否具有较大独立自主性的产权结构（如图5-1所示）。而制度环境可由两种力量改变：一是外力强制性，包括特殊时期、治理结构的自然演进；二是制度环境本身通过生产分工交易内生渐进式改变。

图5-1 计划经济时期政治制度环境具体结构

（一）工厂管理委员会时期

1949年之后建立的工厂管理委员会是接收国民政府时期企业后的过渡机制。工厂每月月底召开职工大会，由管委会主席向职工报告一个

① YOUNG A. Gold into base metals: Productivity growth in the People's Republic of China during the reform period [J]. Journal of Political Economy, 2003, 111 (1): 1220-1261.

② BRANDT L, VAN BIESEBROECK J, ZHANG Y. Creative accounting or creative destruction? Firm-level productivity growth in Chinese manufacturing [J]. Journal of Development Economics, 2012, 97 (2): 339-351.

③ 计划经济时期我国几乎不存在民营企业，本书政治制度环境分析的对象主要指工业型国营企业。

月的工作总结，并答复职工的意见。

在该过渡时期，管理体制存在明显的权力结构，委员会的权力分3个方面——管理人员、技术人员和劳动人员，形成掣肘；委员会与职工间具有定期沟通机制，生产组织结构具有良好的权力结构；该时期工业化生产并未有本质变化，国家仅是统筹全局，具体层面企业仍有很强的独立自主性。总体而言，该时期企业政治制度环境为优，能够对企业绩效产生正向影响。

（二）"一长制"时期

本书第三章第二节已经介绍过"一长制"方面的内容，此处不赘述。

（三）党委领导的厂长负责制时期

在《论十大关系》中，毛泽东说："把什么东西统统都集中在中央或省市，不给工厂一点权力，一点机动的余地，一点利益，恐怕不妥……从原则上说，统一性和独立性是对立的统一，要有统一性，也要有独立性……各个生产单位都要有一个与统一性相联系的独立性，才会发展得更加活泼。"于是，下放企业到地方、提倡集体领导成为主流。1956年，党的八大正式宣布党委领导下的厂长负责制取代"一长制"。1958年，中央管辖的全部9 300家企事业单位中的8 100家被下放到各级地方政府，中央直属企业在全国工业总产值中的比重由1957年的39.4%下降到13.8%。

厂长负责制的建立是对"一长制"时期不合理的产权结构的调整，能够有效增强企业活力，但并未从根本上解决企业独立自主权问题；权力结构上随着党的领导的加强，管理层与劳动工人间仍未形成良好的沟通和监督机制，即不存在有效的权力结构。因此，该时期的政治制度环境相较"一长制"时期有效，但对企业绩效影响仍以负向为主。

（四）"鞍钢宪法"与"工业七十条"时期（1961—1977年）

第三章第二节已经介绍过"鞍钢宪法"的内容，此处不赘述。1961年《国营工业企业工作条例（草案）》（即"工业七十条"）发布试行，正式确认"两参一改三结合"管理制度，并建立党委领导下的职工代表大会制度，使之成为扩大企业民主，吸引广大职工参加管理、监督行政，克服官僚主义的良好形式。"两参一改三结合"的关键就是党的领导与党的正确领导。从政治制度环境的角度进行分析，该政策在权力结构上存在理论上的权力制约，通过职工参与管理对管理层进行监督；在产权结构上并没有作过多调整。因此，相对厂长负责制时期，此时政治制度环境在理论上能够对绩效产生正向影响。

（五）运动式生产时期

运动式生产时期处于一种特殊的政治制度环境。该时期政治环境极"左"，各地纷纷提出工业"大跃进"和农业"大跃进"的不切实际的目标，片面追求工农业生产和建设的高速度，大幅度地提高和修改计划指标。其代表为1958—1960年的"大跃进"，该时期权力监督与沟通几乎没有，"人有多大胆，地有多大产"，生产具有强烈的随意性。此时政治制度环境对绩效呈负面影响。

（六）"文化大革命"时期

"文化大革命"萌芽在1966年之前，对企业的影响应当往前追溯。该时期，企业管理层、技术人员被下放，不存在完整的权力结构主体，企业也没有独立自主性，"白天劳作，夜晚批斗，劳动精神双丰收"。此时期的政治制度环境对企业绩效呈负面影响。

二、绩效实证分析

（一）实证假设

天津航道局是中华人民共和国接收国民党时期的众多工业企业之一，其在计划经济时期发展与前述分析相一致。索洛残差法是估计全要素生产率最主要的方法。其基本思路是估算出总量生产函数后，采用产出增长率扣除各投入要素增长率后的残差来测算全要素生产率增长率，故也称生产函数法。在希克斯中性技术假设下，全要素生产率增长率就等于技术进步率。假设企业生产采用了包括资本与劳动力两种生产要素的柯布-道格拉斯生产函数。

$$Y_t = AK_t^\alpha L_t^\beta$$

其中：Y_t 为现实产出；L_t 为劳动投入；K_t 为资本存量；α、β 分

别为平均资本产出份额和平均劳动力产出份额。两边同时取自然对数有：

$$\ln Y_t = \ln A + \alpha \ln K_t + \beta \ln L_t + \varepsilon_t$$

其中：ε_t 是误差项，通常假设 $\alpha+\beta=1$，即规模收益不变。于是有：

$$\ln Y_t / L_t = \ln A + \alpha \ln K_t / L_t + \varepsilon_t$$

这是一个双对数模型，可以利用 OLS 估算。其中资本存量通用的方法是 1951 年 Goldsmith 开创性地运用的永续盘存法。假设是采用相对效率几何下降的模式，此时重置率为常数，生产性资本存量的基本估计公式可以表达为：

$$K_t = I_t / P_t + (1 - \delta) K_{t-1}$$

其中：K_t 为 t 年的实际资本存量，K_{t-1} 为（t-1）年的实际资本存量，P_t 为固定资产投资价格指数，I_t 为 t 年的名义投资，δ 为 t 年的固定资产的折旧率。

可以估计出平均资本产出份额 α 和平均劳动力产出份额 β。然后，$\ln Y_t = \ln A + \alpha \ln K_t + \beta \ln L_t + \varepsilon_t$ 两边同时对时间 t 求导，再除以该公式，可以得到全要素生产率增长率。

在计划经济时期，可以将 Y_t 视为疏浚工程量；由于存在运动式生产，职工数据并不准备，因此用船只运转工时作为 L_t 的替代变量；对于初始资本存量，根据 1949 年接管海河工程局数据[1]以及 1951 年清产结果数据，可以知道初始资本存量 K_0。由于 1951 年距离 1953 年时间不远，1951 年的清产实际上是在 1952 年 5 月完成，故而可以根据史料，认定初始资本存量是 95 539 439 834 人民券，折合 955.39 万元。[2]对于实际投资，则可以根据企业完成基建投资金额进行估算，即 I_t 是企业完成基建投资金额。根据《新中国六十年统计资料汇编》，采用商品零售价格指数作为通胀率计算标准，将初始资本存量和历年投资额调整到 1953 年价格。

---

① 华北水利工程局海河工程处缴获物资作价统计表及估价登记明细表［A］．天津航道局档案：行政永久，1949-18：1-115.
② 人民币旧币 1 万元折合新人民币 1 元。

表5-8　　　　　　　　　　1951年清产情况　　　　　　　单位：人民币旧币

（甲）固定资产		（甲）固定及定额负债	
土地	18 559 073 000	自有资金	
房屋及设备	5 807 554 000	政府资金	95 539 439 834
建筑物	14 067 163 000		
助航设备			
船舶	53 841 365 000		
机车及车辆	385 981 000		
通信及信号设备	63 800 000		
动力设备	1 065 844 000		
传导设备			
机器及设备	2 440 445 000		
工具及生产用器具	740 580 000		
家具用品			
非生产用固定资产	1 912 479 000		
未使用固定资产	2 424 493 000		
不需用固定资产	1 255 625 000		
合计	86 381 282 000		
（乙）定额资产			
原料及主要材料	4 698 216 901		
辅助材料	1 888 615 633		
燃料	912 465 648	补充资料	
备件（零星配件）	474 704 361	代管政府物资	
低值及易耗品	895 072 081	原料及主要材料	3 079 047 511
事务用品		辅助材料	1 403 099 892
呆滞材料		燃料	
合计	9 155 157 834	零星配件	1 094 585 940
		呆滞材料	
总计	95 539 439 834	合计	6 610 788 863

资料来源：华北水利工程局海河工程处缴获物资作价统计表及估价登记明细表［A］．天津航道局档案：行政永久1949-18：118-120.

另外，折旧对资本存量的估算是相当重要的。统计年鉴对固定资产折旧的定义是指一定时期内为弥补固定资产损耗，按照核定的固定资产折旧率提取的固定资产折旧，或按国民经济核算统一规定的折旧率虚拟计算的固定资产折旧。它反映了固定资产在当期生产中转移的价值。各类企业和企业化管理的事业单位的固定资产折旧是指实际计提并计入成本费中的折旧费；不计提折旧的政府机关、非企业化管理的事业单位和居民住房的固定资产折旧是按照统一规定的折旧率和固定资产原值计算的虚拟折旧。原则上，固定资产折旧应按固定资产的重置价值计算，但是目前我国尚不具备对固定资产进行重估价的基础，所以暂时只能采用上述办法。[①]在这个定义中，大多数的折旧计算为了方便而采取基于企业会计的核算方法，是基于经验而来的。

在我国，企业计提固定资产的折旧一般采用直线折旧法，在 1951 年进行全国性的清产核资时确定的固定资产分项折旧率沿用了 30 多年，这些年中除了个别行业折旧率有较大幅度提高外，多数行业的综合折旧率只有轻微变化，通过计算得出全国工业企业综合折旧率（含机器设备和房屋建筑物）的情况是 1953 年为 3.7%，1970 年为 4%，1977 年为 4.1%，1980 年为 4.2%（其中，机器设备为 5.55%）。在计算全要素生产率中，一般学界将折旧率定为 5%。[②]不过，天津航道局实际上存在大量使用年限超过 40 年的船只，"三年大建港"前的船只平均使用年限达到 43.67 年，如果据此计算，则折旧率为 2.29%。为了切合天津航道局实际情况，初拟 4% 的折旧率，那么可以估计出天津航道局的资本存量。

利用表 5-9 的数据可以对疏浚工程量、工时、资本存量进行回归，可以得到资本和劳动的产出弹性，即 α 和 β；利用 SPSS 软件，对 $\ln Y_t$、$\ln K_t$ 和 $\ln L_t$ 进行回归，结果参见表 5-10。

---

① 中华人民共和国国家统计局. 中国统计年鉴 2006 [M]. 北京：中国统计出版社，2007.

② PFEFFER J，SALANCIK G R. The external control of organizations： A resource dependency perspective [J]. The Economic Journal，1979，23（2）.

表5-9 1951—1977年天津航道局主要指标

	疏浚工程量（立方米）	船只工时	基建投资额（万元）	商品零售价格指数（1953=100）	实际投资额（万元）	折旧率（%）	资本存量（万元）
1951	915 427	8 053.00		97.10			955.39
1952	15 798 725	24 599.45		96.71			983.92
1953	6 306 782	11 458.00	45.93	100.00	45.93	4	980.66
1954	8 088 013	12 744.02	154.56	102.30	151.09	4	1 092.51
1955	8 566 590	12 878.30	147.96	103.32	143.20	4	1 192.02
1956	9 550 007	15 127.98	295.69	103.32	286.18	4	1 430.51
1957	11 166 470	23 500.16	80.09	104.87	76.37	4	1 449.66
1958	10 528 976	23 641.64	81.63	105.08	77.68	4	1 469.36
1959	16 128 904	39 195.38	146.41	106.03	138.09	4	1 548.67
1960	14 203 614	35 210.19	451.70	109.32	413.21	4	1 899.93
1961	9 943 494	18 836.56	25.40	127.02	20.00	4	1 843.93
1962	6 849 309	11 937.87	52.72	131.85	39.98	4	1 810.16
1963	7 985 586	11 772.21	186.50	124.07	150.32	4	1 888.07
1964	10 573 654	17 795.92	194.04	119.48	162.40	4	1 974.95
1965	10 673 060	22 715.24	361.07	116.26	310.58	4	2 206.53
1966	12 412 257	20 217.78	1 919.45	115.91	1 656.03	4	3 774.30
1967	6 826 491	12 850.73	92.31	115.10	80.20	4	3 703.53
1968	9 213 412	26 607.44	25.40	115.21	22.05	4	3 577.44
1969	10 214 265	11 145.66	127.27	113.94	111.70	4	3 546.04
1970	11 211 111	13 670.02	152.50	113.72	134.11	4	3 538.30
1971	15 870 326	27 387.07	332.29	112.92	294.27	4	3 691.04

续表

	疏浚工程量（立方米）	船只工时	基建投资额（万元）	商品零售价格指数（1953=100）	实际投资额（万元）	折旧率（%）	资本存量（万元）
1972	12 555 278	26 685.00	456.90	112.69	405.44	4	3 948.84
1973	12 008 253	22 394.11	3 214.17	113.37	2 835.13	4	6 626.02
1974	12 828 972	29 721.70	8 060.80	113.94	7 074.83	4	13 435.81
1975	21 002 837	33 825.13	4 865.80	114.16	4 262.11	4	17 160.48
1976	15 629 851	20 881.43	1 067.10	114.51	931.91	4	17 405.98
1977	21 394 647	26 090.95	1 214.40	116.80	1 039.75	4	17 749.49

资料来源：[1] 商品零售价格指数来自：国家统计局国民经济综合统计司. 新中国六十年统计资料汇编 [M]. 北京：中国统计出版社，2010. [2] 疏浚工程量、全职人数、基建投资额来自：《关于上报三十年有关历史资料的报告》（1979年9月21日）[A]. 天津航道局档案：行政永久，1979-7：1-20.

表5-10　　　　　　　　　回归系数

	ln Y_t
	系数
常数项	5.103
ln K_t	0.115
ln L_t	1.022

可以看出，资本的产出弹性为0.115，劳动的产出弹性为1.022，资本相对劳动占比不高，与我国计划经济实际情况一致，国内生产技术受到封锁，设备更新慢，企业发展更多依靠提高工人积极性；同时，两者相加大于1，整个计划经济时期天津航道局处于规模报酬递增阶段，与现实情况相符合。根据定义，第t年的全要素生产率为：

$$TFP_t = Y_t / K_t^{0.115} L_t^{1.022}$$

第t年间的全要素增长率为：

$$tfp_t = TFP_t / TFP_{t-1} - 1$$

令1953年TFP指数等于100，则第t年的TFP指数为：

$$TFP指数 = TFP_t / TFP_{1951} \times 100$$

1951—1977年全要素生产率指数及其增长率参见表5-11。

表5-11　　　1951—1977年全要素生产率指数及其增长率

年份	TFP指数	TFP增长率
1951	100.0000	
1952	549.4039	4.494039
1953	478.4775	−0.129100
1954	544.2331	0.137427
1955	564.6069	0.037436
1956	522.8434	−0.073970
1957	389.1542	−0.255700
1958	364.1279	−0.064310
1959	330.7190	−0.091750
1960	317.4203	−0.040210
1961	422.5835	0.331306
1962	464.9177	0.100180
1963	547.1842	0.176949
1964	472.4921	−0.136500
1965	366.9372	−0.223400
1966	451.8984	0.231541
1967	395.7932	−0.124150
1968	254.9132	−0.355940
1969	323.3099	0.268313

年份	TFP 指数	TFP 增长率
1970	413.9082	0.280221
1971	424.7937	0.026299
1972	342.4310	−0.193890
1973	369.1347	0.077983
1974	272.2363	−0.262500
1975	379.6734	0.394646
1976	461.8122	0.216341
1977	502.3217	0.087718

资料来源：熊金武，刘欣源. 国有企业治理绩效变迁——基于天津航道局全要素生产率的分析（1951—1978）[Z]. 北京：中国政法大学工作论文，2018.

（二）绩效结果分析

1951—1977年天津航道局TFP指数图如图5-2所示。

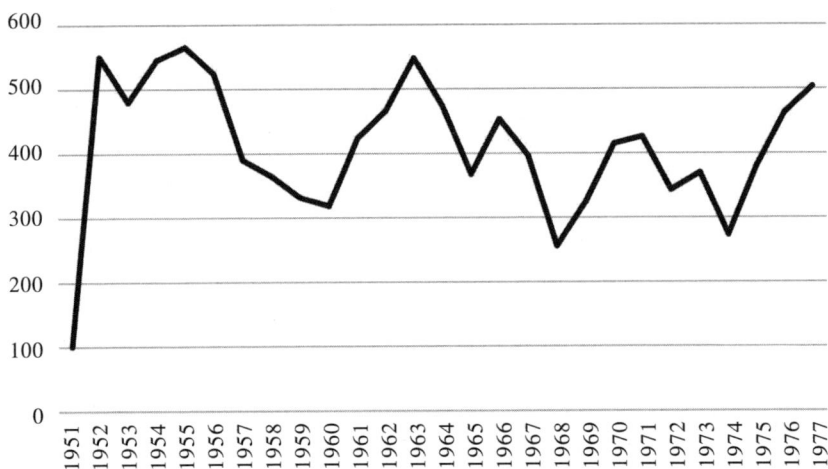

图5-2　1951—1977年天津航道局TFP指数图

资料来源：熊金武，刘欣源. 国有企业治理绩效变迁——基于天津航道局全要素生产率的分析（1951—1978）[Z]. 北京：中国政法大学工作论文，2018.

1951—1954年，天津航道局的TFP指数整体呈快速上升趋势。在工厂管理委员会时期，国家重新明确了华北区域水利相关单位的职责权限，在工程业务、财政人事任免、请假、人员编制和机构设置方面都有了清晰的制度界限，同时营造了较为优良的制度环境，为海河工程局恢复作业创造了良好的内部条件。

1955—1957年，天航局的TFP指数呈断崖式下跌，企业在"一长制"的政治制度环境下丧失活力，绩效较差。

1957—1958年，天航局的TFP指数继续下滑，相较"一长制"时期的断崖式下降，厂长负责制时期止住了下降趋势，开始趋向平稳，故可认为1957—1958年绩效表现良好。

1958—1960年为"大跃进"时期，天航局的TFP指数呈现持续下降态势。

1961—1963年，天航局的企业绩效呈现平稳增长态势。

1964—1974年，天航局的TFP指数呈下降趋势，中间存在较大波动。1964—1968年是"文化大革命"的萌芽期和初期，天航局各级管理机构和党的领导受到严重冲击，陷于瘫痪和半瘫痪状态。此时政治制度环境极端恶劣，企业绩效下滑明显。1971年8月19日，天津市革命委员会和中国人民解放军天津驻军支左联络站联合决定，对交通部天航局实行军代表制，使一批有经验的管理人员和技术干部调入两级机关，生产管理得到一定程度加强。1973年12月12日，天航局党委政治部下发了基层党组织改选工作的通知，全局42个党支部先后进行了改选，恢复和健全了党的组织，因此，1971年与1973年的企业绩效都有一定回升。

1973—1975年为"三年大建港"时期，天航局党委经过调查研究并经交通部同意，于1974年5月6日将第一船队改组为第一航道局工程处。1974年8月21日，天航局提出了"改变机构和体制"的方案，其基本指导思想是：精简机关，加强基层，下放权力，实行分级管理，把局属单位逐步建成能独立管理、独立核算的单位，重新构建合理的政治制度环境，使企业绩效快速提高。

三、计划经济时期的疏浚事业

疏浚产业百年发展历程里面比较特殊的一段就是计划经济时期，有以下几点启发：

（一）国际环境不允许计划经济时期中国搞比较优势

改革开放以来的成就是利用了比较优势，但是在计划经济时期，我国不是不想融入全球经济体系，而是当时国际政治和经济环境不允许我们搞比较优势。像1949年以前，中国也有疏浚产业，当时是对外开放的，外国的先进技术我们可以随时可以买过来，也没封锁，但是即使这样，中国疏浚产业也没有发展起来。这说明，不是开放就可以有比较优势。1949年后，巴黎统筹委员会对中国实行了封锁，禁止运输物资到中国。在这种情况下，中国的疏浚产业要发展起来，被逼无奈只能向苏联学习。实际上，当时交通部的主要领导还有一批是留学欧美的，他们也知道欧美这方面的技术要比苏联好，但是没办法，欧美国家对我们坚持技术封锁。

同时，在整个计划经济时期，不是说我们只向苏联学习。20世纪50年代，交通部的一些领导的发言就说明，我们既要向苏联学习，也要向欧美学习。20世纪60年代中外关系稍微搞好一点，在1964年的时候中国花了170万英镑（折合约4吨黄金），向当时世界上挖泥船产业第一的国家——荷兰引进了当时世界上一流的一艘挖泥船。当时中央的一项政策是瞄准世界的先进技术打歼灭战，疏浚产业就是集中体现。

（二）举国体制

1949年以前，中国疏浚产业主要布局在天津、上海等地。海河泥沙比较多，容易淤塞；黄浦江水比较浅。随着近代航运业的发展，吃水较深的大轮船进不了黄浦江和海河，引发疏浚需要。但是这些疏浚产业全部掌握在外国人手里。虽然是中国政府投资的企业，但是管理人才、技术人才主要是洋人。此外，上海的浚浦工程总局和天津的海河工程局都只负责海河和黄浦江的河（江）口那么一段，没有走出黄浦江，没有走出海河。1949年以后情况发生改变。首先是举国体制的出现。当时全国第一个重要工程就是浦口抢险。京浦路对军队保障至关重要，解放军的部队物资要过长江，就需要把受战争破坏的码头修好。这个时候就开始把全国的疏浚力量动员起来，由交通部部长专门牵头委员会去治理。从这里开始，全国的疏浚力量开始围绕国家的重点和重要工程、重大战略去集体行动，如塘沽新港、湛江港。后来海河工程局走出海河去支援整个华北、整个环渤海、连云港以北的大型工程建设。这种围绕重大工程的全国一盘棋在民国时期是做不到的，优势就是举国体制。

（三）疏浚产业体系的形成

在计划经济时期，全国的疏浚力量在1952年全部归交通部统管，1954年成立了统一全中国疏浚力量的疏浚公司，但是后来经历了多轮下放与上收。这种不断下放与上收过程好像有点折腾，但事实上在这个过程中实现了几点进步：

一是把疏浚力量从上海和天津等少数几个重工业城市分散到全国各个省市，尤其是如珠江口、宁波等地都有了自己的疏浚力量。

二是形成了中国疏浚产业体系。在20世纪70年代的时候已经有非常成熟的体系，天津航道局负责连云港以北的全部北方港口疏浚，上海航道局负责连云港到泉州的疏浚，广州航道局负责泉州以南的疏浚等。这样的全国布局是计划经济时期留下的非常宝贵的一点，构成了中国工业化的基本框架和基本力量。

（四）计划经济时期形成自主创新力量

中国作为一个后发式工业国家，应该是一种赶超，也就是引进、消化、吸收与自主创新的结合。但是相对于其他发展中国家，中国在计划经济时期形成了自主创新、自主研发的力量，这是极为可贵的。1949年以前，中国有一些维修和建造小型挖泥船的技术力量，自主研发力量是没有的。恰恰是在计划经济时期，在这种外国封锁的情况下，逼着我们自己去搞一些研发。例如把挖泥船从蒸汽动力变成燃油动力，又变成电气化。自主研发使得中国大幅缩短了与西方一流技术水平的代际差距，并形成了独立的生产能力和研发能力。1964年，我国引进当时世界上最先进的挖泥船，1968年就开始进行技术模仿，将全国相关的设计力量、施工单位和制造单位组织起来，按照打歼灭战、全国一盘棋的思路去造船，最终在1971年打造出"劲松"号与"险峰"号。其中，"劲松"号在2022年1月才"退役"。正是举国体制才使得我国在当时计划经济时期的技术水平下实现如此的技术进步。在举国体制下，我们能够把当时全国最好的设计院、最好的钢板拿去造挖泥船，施工单位、设计单位、制造单位之间形成联动。

整体上计划经济时期为疏浚产业奠定了良好的基础。也许不是比较优势，更像是厚积薄发。正如竹笋理论一样，竹笋在地底下生长六七年，真正冒出地面的时候很快就长了30多米。计划经济时期的中国疏浚产业就如此。

第六章　水运建设技术赶超与科技自立自强

通过上一章实证分析，可以明确得出天津航道局技术进步与劳动生产率之间存在长期稳定的相关关系。"科学技术是第一生产力"，而构成生产力的要素是具有一定生产经验和劳动技能的劳动者和生产资料。生产力的性质首先是由生产过程中使用的劳动资料，特别是生产工具所决定的。生产工具是社会生产力发展状况的主要物质标志，生产力的发展首先也是从生产工具的变化发展开始的。①青铜器取代石器进而又为铁器所更新，自动化装置代替手工器械等，便是体现了这个道理。在当前的社会化生产中，先进的技术装备、劳动者技术水平、科学的组织和管理方法，这些广义技术因素对于社会生产力的发展起着越来越重要的作用。由此，技术是决定生产率高低的第一要素，生产率的提高由技术进步率先引领，起着先行者的作用。

此外，技术进步作为主导力量推动产业结构的调整升级，重在实现

---

① 裘子法，尹才喜，亢政刚，等. 科技进步及其评价和案例［M］. 北京：北京科学技术出版社，1993：23.

产业结构合理化、整体经济效益最优化。技术进步与国家经济增长之间不仅存在互为基础、互相促进、互相制约的辩证统一关系，并且在发展过程及变化方向上也有相当明显的一致性。经济学界往往视其为"两位一体"。

第一节　百年疏浚装备发展变迁

一、引进先进技术与设备

（一）引进疏浚船舶

清朝张焘著述的《津门杂技》对我国第一艘"直棣挖河船"有过记载："其状如舟"，"以铁为之，底有机器，上为机架，形如人臂，能挖起河底之泥，重载万斤，置之岸上，旋转最灵，较人工费省而工速"。[①]然而该船终不能满足治理航道的需要。1888年，李鸿章在购买西方先进疏浚装备的奏折中写道："非西国新式挖泥船不可奏效。"[②]清政府分别于1887年和1895年向英国、荷兰订购了挖泥船——"导河"号、"CHINA"号。

1902年，海河工程局自荷兰购进了链斗挖泥船"北河"号，又从英国购置抓斗机等设备，在此基础上组装建造了一、二号夹泥船。在疏浚业务需求的推动下，既有船舶难以满足工程需要，海河工程局又相继引进"新河"号、"燕云"号、"中华"号、"西河"号、"快利"号、"高林"号等挖泥船，用于疏浚海河及大沽沙，并治理海河各支流水系。"新河"号带有挖泥船与吹泥船的两套系统，能满足自挖自吹，不仅当时为中国第一艘，在世界亦属少有。"快利"号是海河工程局最早引进的自航耙吸挖泥船。[③]1902—1924年，海河工程局先后向英国、荷兰、日本等购进了20余艘挖泥船和船舶，其间江南造船厂为海河工程局建造了6艘破冰船（见表6-1）。[④]

① 张焘. 津门杂记：卷中 [Z]. 国家图书馆，1884：22b.
② 刘厚恕. 印象国内外疏浚装备 [M]. 北京：国防工业出版社，2016：344.
③ 周星笳. 天津航道局史 [M]. 北京：人民交通出版社，2000：14-15.
④ 刘厚恕. 印象国内外疏浚装备 [M]. 北京：国防工业出版社，2016：349.

表6-1 1902—1924年海河工程局购置船舶参数情况

船名	建造商	年份	生产率（立方米/时）	功率（千瓦）	挖深/吹距（米）	备注
"北河"号	荷兰	1902	180	62	5.64	链斗式挖泥船
夹泥一号	从英国购进抓斗机，中国建造船体	1902	30	29	9.45	挖泥船
"新河"号	荷兰	1910	500	257	8	自航链斗式挖泥船
"燕云"号	荷兰	1910	500		2 000	吹泥船
"中华"号	荷兰	1914	600	338	2 990	自航吹泥船
"西河"号	日本	1914				
"快利"号	英国	1921		1 100	9.45	自航耙吸式挖泥船
"高林"号	荷兰	1924				性能同"北河"号

资料来源：作者自行整理。参考：周星笳. 天津航道局史 [M]. 北京：人民交通出版社，2000：14-15.

在1949年之前，海河工程局的疏浚设备大多是从国外引进的，还处于直接技术引进的阶段。如此大量地引进和使用当时世界上最先进的船舶设备，体现了海河工程局从成立之初就是以"技术至上"为准则的。与此同时，海河工程局自身的船厂参与了一些疏浚设备的组装工作，这对于促进海河工程局自身技术水平的提升具有重大意义。

1966年4月出厂、购自荷兰的"浚通"号（后改为"津航浚102"号）被引进，开始了我国使用双边耙吸挖泥船的历史，同时为我国消化、吸收国外疏浚技术，自行设计大中型耙吸挖泥船提供了参考的硬件条件。

自1973年开始，为了适应大规模建港的需要，中国政府用了约两亿美元先后进口了近百艘各种类型的工程船舶。在交通部的具体组织下，1973—1978年天津航道局的设备购置达 1.83 亿元人民币，约相当于前 10 年设备购置总额的 5.3 倍。1973—1978 年海河工程局购入船舶情况参见表 6-2。

表6-2 　　　　　　1973—1978年海河工程局购入船舶情况

年份	规格	名字	性能
1973	抓斗挖泥船	津航浚403	斗容8立方米
1974	柴油机组合绞吸挖泥船	津航浚210	绞刀功率980立方米/时
1974	柴油机组合绞吸挖泥船	津航浚211、津航浚212、津航浚213、津航浚214	1 450立方米/时
1974	柴油机电动铲斗挖泥船	津航浚501	斗容4立方米
1975	柴油机自航耙吸挖泥船	津航浚105、津航浚107	舱容1 500立方米
1975	柴油机自航耙吸挖泥船	津航浚106	舱容4 500立方米
1975	自航柴油机链斗挖泥船	津航浚303、津航浚304	绞刀功率750立方米/时
1978	自航耙吸挖泥船	津航浚108	舱容1 500立方米

资料来源：作者自行整理。

这些引进的船舶广泛应用低油耗、高增压的中速柴油机以及高效、大功率的挖泥机具。挖泥船功率大、挖深大、吹距长，当时均属高技术性能和高经济性能的船舶，达到了 20 世纪 70 年代末 80 年代初的国际水平。船舶的引进不但使天津航道局的挖泥船类型更加齐全，而且由于船舶性能先进，扩大了施工区域和范围，可以满足多种工况要求，因此就为加快建港速度、提高疏浚质量、缩短工期、节约投资提供了设备保障。

1979—1994 年，按照交通部以及公司内部商议制订的更新改造计划，天津航道局利用近百亿日元贷款和国家拨款（含拨改贷）购置了各类船舶共 71 艘，大大改善了其装备情况（见表 6-3）。这是其继"三年大建港"时期之后的又一购船高峰期。这一时期，国内机械制造能力不断提升，天航局加强了与国内船厂合作，从国内购买船舶，并且在购入挖泥船的同时更为注重购入辅助船舶，以提高配套水平。1979—1985年，天津航道局购置各类辅助船共30艘。

表6-3　　　　1979—1994年天津航道局购入船舶情况

时间	船舶	建造船厂
1980	津航浚601、津航浚602	中国新河船厂
1981	津航拖33	中国芜湖船厂
1982	津航浚404	—
1982	津航驳38至津航驳42	中国香港太元船厂
1985	津航浚215	日本石川岛爱知工厂
1987	津航艇24	日本三菱熊本船厂
1987	津航艇23	中国新河船厂
1988	津航驳43、津航驳44	中国浙江船厂
1990	津航浚219、津航浚220	荷兰IHC船厂
1989—1990	津航驳45至津航驳47	中国温州新华船厂
1992	津航艇26	中国第一航务工程局船厂
1992	津航拖34	中国江苏靖江船厂
1994	通力	荷兰IHC船厂

资料来源：周星笳. 天津航道局史［M］. 北京：人民交通出版社，2000：311-356.

（二）引进疏浚工艺

中华人民共和国成立初期，天津航道局在技术操作上仍然存在依靠加强劳动强度的办法。为了改变这种局面，1951年7月，浚挖队开始有重点地推行苏联郭瓦廖夫工作法。[①]在此基础上，技术人员总结出司炉工作的特点，然后推广到每个司炉工，不仅节约了煤炭，保证气压正

---

① 天津航道局档案：行政永久，1951-1：54.

常，而且降低了劳动强度。技术人员经过反复实验，把操作动作和程序逐步规范统一，形成了"司炉统一工作法"。仅在天津区疏浚队，这一司炉法就为国家节约原煤 12 万吨，价值达 22 万元。

1949 年后，尤其是"三年大建港"时期，天航局引进了大量船舶，要把新船管好、用好，让船员对船上的各项新设备都会使用、管理，使各项新技术切实发挥效用，从而获得应有的经济效益，天航局狠抓了业务知识消化和吸收工作。

第一，天航局组织了十几位工程技术人员，经过几个月的辛勤劳动，翻译了大量引进船舶的技术资料，从而为船员尽快掌握和熟练使用这些新设备、新技术创造了条件。

第二，举办技术培训班，请技术人员和武汉水运工程学院①的教授讲解新船使用的柴油机、液压系统，以及可控硅等设备的原理、技术特点和操作方法。

第三，制定规章制度，根据随船带来的技术资料的要求，制定了各个岗位的操作规程和日常维护保养、预防检修等规章制度，组织船员边学、边练、边试生产，不断提升船员掌握新技术的能力和水平。

第四，进行测试和适当改进，组织了有关科技人员与船员一道，通过测试等手段，进一步解析各系统的结构和性能，不断研究改进某些不合理的设施与装置，改进操作方法，使之更加合理、完善，更加适应我国疏浚、吹填工程和管理制度、管理方法以及配套能力的现状。改革开放后，在国外已有应用的绞吸船挖岩以及无围堰吹填沙技术，而天津航道局在国外经验的基础上，首次将这两种技术应用到国内疏浚工程之中。

二、技术改造与拓展

（一）改造疏浚船舶

1949 年以前，对疏浚船舶的维护与改造主要表现在改造挖泥船与

---

① 武汉水运工程学院是中国船舶及轮机领域中最重要的高等学府之一，后更名为武汉交通科技大学，21 世纪初与武汉工业大学及武汉汽车工业大学合并组建成武汉理工大学。

维护破冰船方面。比较典型的有 1909 年组装改造的"金钟河"号链斗挖泥船；1934 年对"快利"号挖泥船进行检查并修理锅炉，并得到了"工作优异，前所未有。往返之次数既多而掘出之泥量甚盛，殊令人满意"①的良好评价。

中华人民共和国成立初期，我国还没有疏浚装备的研究机构。随着国家经济的恢复和发展，日益增长的进出口贸易对港口、航道的需求越来越迫切。在不能引进新挖泥船的条件下，改造旧有挖泥船、改进施工方法、提高工作效率，成为加快港口建设的有效途径。我国先测绘中华人民共和国成立前遗留下来的部分技术含量低、规模小的船舶，然后尝试采用仿制的方法建造了一批船，如"洞庭"号（武昌造船厂）、"华东"号（武昌造船厂）等。这对于世界先进水平来说已经相当落后，但对于我国当时的情况来说已经较为困难。这一时期，我国已初步具备仿制能力，但只能仿制规格与技术水平较低的船舶，仿制能力较弱。

1955 年 5 月，疏浚公司在新河船舶修理厂对"塘沽五号"挖泥船进行了改造，使之成为一条适用于新港停泊地清淤的专用船只，不但每年节约 7 万度电，而且可以提高工作效率 12%，降低了挖除回淤的成本，充分发挥了现有挖泥设备的作用。②20 世纪 60 年代初期，国内第一个挖泥船技术实验室——中国船舶及海洋工程设计研究院（中国船舶工业集团公司第七〇八研究所）属下的八三室特种挖泥机具实验室建成投用，帮助设计、建造了一大批 60～120 立方米/时绞吸、链斗及抓斗挖泥船。其中，为海军部队专门研制的 500 立方米/时链斗式挖泥船荣获了全国科学大会奖。这一时期，挖泥船的驱动方式由蒸汽驱动更新为柴油机电驱动，尽管整体上有品种单一、多为仿制的特点，但至少表明我国在船舶设计与建造方面已经迈出了关键的一步，不再需要完全依赖整船进口。

1969 年 10 月，海河工程局船舶检修厂克服了加工工具简陋、施工

---

① Hai-Ho Conservancy Commission Report for 1935 ［A］. 中交集团天津航道局档案室馆藏档案.
② 周星笳. 天津航道局史 ［M］. 北京：人民交通出版社，2000：108.

场地窄小等困难，仅用56天就完成了"海通"锅炉及其附属设备的改造工作，为更好地发挥该船在拖带和破冰中的作用提供了保障。

1949—1978年，在所有新增加的19艘船舶中，国外引进船舶8艘，占42.1%；国内自造船舶11艘，占57.9%，国内自造船舶数量更多。1979年之后，在船舶改造方面，天津航道局在经过较长时间的技术与物质准备后，成功实现了"抓技术，促管理，夯基础，上水平"的发展目标。与之前阶段有所不同的是，1987年，荷兰IHC船厂与中国新河船厂联合建造了"津航浚216"号，它是引进外国先进设计、技术和主要设备，在中国建造的一个典型案例。以此种方式建造现代化中型绞吸船在当时我国尚属首次，为以后国内改造和自主建造挖泥船提供了有益经验。

1998—2000年，由于中港集团进行资产重组，天津航道局所有船舶不断变化，在船舶设备的更新改造方面面临着船舶老化、施工任务重的巨大压力。秉持着"巩固中求完善，创新中求发展"的工作方针，天津航道局努力做好船舶建造与改造工作。

1998—2014年船舶改造情况参见表6-4。

表6-4　　　　　　　　1998—2014年船舶改造情况

年份	船舶改造情况
1998—2000	1.成功完成"津航浚214"号的改造工程，使其由原来的双机双泵改造为双机单泵绞吸式挖泥船
	2.成功更换"津航浚303"号、"津航浚304"号的五方大瓦座
	3.完成"津航浚215"号泥泵五叶改四叶的设计、计算和加工工作
	4.完成1200型绞吸式挖泥船重要设备及图纸的翻译工作
2001	一公司西湖项目经理部建成了长达22千米的西湖二期底泥疏浚排泥系统
2002	对"津航浚106"号进行了更机改造，除对该船的两台泥泵柴油机和3台主发电柴油机系统进行国产设备更新外，还对该船的两台主推进柴油机、全船液压系统、船体及其他设备进行了恢复性修理，使得"津航浚106"号重新焕发生机

续表

年份	船舶改造情况
2003	1.对于1999年购入的"浚江"号、"浚湖"号进行技术改造，包括技术设计、设备采购及排泥管制造、改装施工等部分
	2.改造"津航浚105"号、"津航浚107"号。挖深由原来的18米增加到22米，并更换耙头，增加高压冲水装置
	3.对"津航浚108"号的泥泵重新进行设计，采用高压冲水耙头，高压冲水泵选用国产14SH-9改进型双吸泵，水泵柴油机为康明斯KTV-19
	4.将"驳29"号改为水泥搅拌船，"津航拖17"号改为12吨起锚艇
2014	"天鲸"号完成输泥管系统HA-700系列耐磨复合钢板新材料的研发应用，降低了燃油和钢材消耗，减少了维修频次和维修时间，提高了船舶时间利用率和经济效益

资料来源：1998—2014年中交天津航道局有限公司年鉴。

随着信息技术的普及，天津航道局对船舶信息系统的改造和升级也逐渐步入正轨，1998年进行了全面系统的GMDSS改造；2001年开通了船岸CQUICK通信系统，方便了船舶调遣指挥和航行安全；2003年购置和安装ARPA雷达、DGPS和其他通信设备，实施AIS系统；2007年完善计算机辅助决策系统管理，开始进行船舶动态监控系统建设工作并试运行。

2004年，"新海虎"轮开建，标志着我国首度实现了大型耙吸挖泥船自行设计建造，打破了少数发达国家一统天下的格局。以此为蓝本，2008—2012年，我国陆续建造17艘大型耙吸挖泥船，技术成果应用形成了产业化的规模。

1998—2014年，天津航道局的船舶设备资源的建造水平整体提高，不仅着手建造了旗舰型自航绞吸船和重型绞吸船，有节奏地开展了老旧船舶的改造，还将泥泵、高压冲水泵、耙头等关键设备的国产化成果突破性地应用于新建造的船舶，建造了一支在技术水平、经济性能和工况适应性等方面均处于前列的高水平船队。①

（二）疏浚工艺的改进

天航局疏浚工艺改进情况参见表6-5。

表6-5　　　　　　　　　　天航局疏浚工艺改进情况

年份	疏浚工艺的改进
1929—1930	针对"快利"号挖泥船的工艺改进
1953	航标工人用岸电代替乙炔，创制了电表式闪光机。1953年年初，大沽沙航道10座引导灯桩全部改为岸电发光，为我国闪光航标灯采用岸电发光开创先例
1955	提出并开始使用间隔挖泥施工方法，提高挖泥生产效率
1956	1.电表式闪光机技术推广到海河全线及大连等外地港区使用
	2.采用在停泊地开挖深槽集泥的施工方法，缓解码头使用与挖泥之间的矛盾
20世纪60年代初	由于乙炔气供应困难，储存和使用条件极为严格，航标技术人员借鉴当时国外普遍采用丙烷气作为航标灯燃料的经验，提出在我国进行丙烷气航标灯试验，首先改制喷火嘴获得成功
1964	在上海黄浦江陆家嘴灯浮上首次试用丙烷气，效果理想；后来又在天津、广州、哈尔滨等地进行试点，并推广到黄浦江的其他灯浮和天津大沽灯船
1965	学习国外经验，引进两台样机在天津航标队研制自动换罩装置，配上德意志联邦共和国的纱罩，效果良好。此后，在天津港所有乙炔气灯浮和灯船上全部换用丙烷气航标灯。国家科委将丙烷航标灯的研制与推广确定为1964年国家技术革新三等奖
1968	成功研制太阳能半导体自动控制开关及直流蓄电池和干电池半导体自动开关器
1980	在实施天津港主航道一期拓宽工程期间设计铺设了一条穿越航道的海底输泥管线，保证了工程的成功完成

① 资料来源：1998—2014年中交天津航道局有限公司年鉴。

续表

年份	疏浚工艺的改进
1986—1987	总结技术经验，在烟台西港池和天津港东突堤码头施工中成功铺设了水下输泥管线。这一技术成果标志着天津航道局的疏浚技术取得了突破性的进步，并由此获得了交通部技术成果奖
2007	针对在苏丹工程中遇到的珊瑚岩疏挖土质，新研制了铠装胶管和球形接头组合排泥设备，大幅提高橡胶排泥管的使用寿命
2009	对于"天麒""天麟""天鲸"号的排泥管系统及设备的基本配置进行标准化设计，采用了国内首创的中浮筒式，极大程度地降低了对加工工艺的要求，在便于设备管理和互换的同时降低了成本，具有一定的推广价值和良好的市场前景
2011	疏浚船舶泥泵机械式密封装置有了突破性进展，这是泥泵密封技术的一次重大革命，对于增强设备的稳定性和可靠性、减少水力损失和摩擦阻力等产生了深远影响

资料来源：[1] 科研与技术研究计划 [A]．天津航道局档案：行政永久，1965-1．[2] 周星笳．天津航道局史 [M]．北京：人民交通出版社，2000：328．

三、研发设计与自主创新

（一）设计研发疏浚船舶

天津航道局对疏浚船舶的研发主要集中于两个时期：

一是 1949 年之前，促使这段时期研发的动力来自降低成本以及突破国外疏浚设备在中国水土不服的问题。

二是改革开放之后，尤其是 20 世纪 90 年代末以来，推动这一时期疏浚船舶研发的动力是自身技术水平的提高以及疏浚市场扩大的内在需求。

天津航道局疏浚船舶设备自主研发情况参见表6-6。

表6-6   疏浚船舶设备自主研发情况

年 份	疏浚船舶的研发
1911	针对破冰需要，根据国外破冰经验设计研发破冰船
1956	第一艘中型组合式挖泥船"北京"号制造成功
1979—1987 （天津航道局的自造船舶所占比例不低于所有船舶总数的50%（新造航标船、巡检船和登陆艇共计21艘））	1980年，在新河船厂建成1 000立方米/时吹泥船"津航浚601"号和"津航浚602"号
	1981年，在新河船厂建成500立方米/时非自航链斗挖泥船"津航浚305"号
	1987年，由新河船厂建造"津航艇23"号
1998—2016 （天津航道局进入新的发展阶段，除引进建造新的船舶之外，船舶设备改造及创新能力也大大增强）	2000年，1200型绞吸船"浚江"号和"浚湖"号两艘船的规划与建造，成为天津航道局环保型船舶的重要代表
	2001年，开始签约建造10吨起锚艇
	2003年，"通坦"号正式加入局船舶系列，并投入使用；新造"津航驳48"号和"津航驳49"号两艘1 000方自航驳；购买了18立方米/时抓斗挖泥船"津航浚405"号及其配套起锚艇"津航艇28"号；引入1 000吨油轮"津航油23"号以及750立方米/时链斗挖泥船"津航浚306"号
	2007—2008年是进入21世纪之后天津航道局设备更新力度最大的两年。建造船舶共计31艘，包括挖泥船21艘、起锚艇9艘、接力泵船1艘，其中重要的船舶有"通旭"号、新天牛系列船舶、"滨海"系列船舶、"新215"系列船舶、"津泰"号以及在南海建设中发挥重要作用的"天鲸"号

续表

年　份	疏浚船舶的研发
1998—2016 （天津航道局进入新的发展阶段，除引进建造新的船舶之外，船舶设备改造及创新能力也大大增强）	2009年，新建一批施工船舶，共建造船舶24艘，分别为自航耙吸船1艘、自航式绞吸船1艘、反铲式船舶1艘、接力船舶1艘、非自航绞吸式船舶13艘（包括海洋英豪）、起锚艇7艘，购入了5 000匹拖轮"中交通运一"，大大提升了船舶装备水平
	2012—2014年，造船管理的制度化建设得到加强，使造船工作的管理水平得以规范和提升。建造了两艘大功率自航耙吸船——"通远"和"通恒"号，5 000KW绞刀功率自航绞吸挖泥船，以及目前中交集团投资的主尺度最大、装机功率最大、自动化程度最高、功能最齐全的拖轮

资料来源：1998—2014年中交天津航道局有限公司年鉴。

（二）独立设计施工工艺

新时期，天航局在技术进步方面获得的成果极为显著。在此期间，天航局成立科技中心，开始进行大规模的技术改造与创新。1997—2014年，国内和国际先进成果共81项，中交集团及省部级科技奖共92项，获得国家专利及软件著作权共193项，省部级以上工法共33项。[①]

天航局施工工艺的独立设计情况参见表6-7。

自2004年以来，天津航道局的技术人员锐意进取，在技术改造与创新方面日益得心应手，取得了累累硕果。无论是技术进步类、工艺标准类还是国家专利类，在十几年中都呈现上升趋势，技术进步成果日趋丰富。特别是2007年之后，疏浚行业的国内外市场进一步开拓之后，天津航道局在科技方面的投入进一步增加，这为其科研工作提供了重要

---

① 周星笳. 天津航道局史［M］. 北京：人民交通出版社，2000：183. 原载于中交天津航道局有限公司内部技术成果集：《技术——进步·改进·创新》。

表6-7 天航局施工工艺的独立设计情况

年份	施工工艺的独立设计
1930	大沽坝新航道问题
1952	创造了挖泥船移锚不停车操作方法
1954	初步掌握了生铁合金刀的理论依据及配料规律
1973	研究利用硅太阳能电池作为航标灯的光源
1977	对大沽口外曹妃甸等如何使用硅太阳能电池供电问题进行专项研究
20世纪70年代	测绘工作者自行研究设计了"可冲式薄壁真空泥头"
2001	杭州西湖底泥疏浚工程多台泵接力长距离水力输送污染土疏浚工程工艺,获中国港湾建设(集团)总公司科技进步二等奖
2003	为青岛港设计新的灯船,所设计的灯船作为青岛中沙礁助航设施——无人看守灯船,在当地气象条件下以光、雷达反射及应答方式助航
2005	国内首创绞吸式挖泥船"三锚五缆"施工工法
2007	采用疏浚耙平扫浅船代替或辅助耙吸船进行整平、扫浅的施工工法
2009	提出了泥泵叶轮变径的工艺,达到国内领先水平
2011	开创了疏浚污染底泥工管袋脱水减容处理施工工艺
2012	研发了大型绞吸船开挖风化岩艉吹装驳施工工艺
2013	耙吸挖泥船功率分配自动控制技术
2014	自主研发反铲挖泥船精确疏浚集成控制系统

资料来源:作者自行整理。参见:[1] 周星笳. 天津航道局史 [M]. 北京:人民交通出版社,2000:181-182. [2] Hai-Ho Conservancy Commission Report for 1930 [A]. 中交集团天津航道局档案室馆藏档案. [3] 天津航道局档案:行政永久,1954-26:124.

的物质支撑，促使其开始了飞跃之路。不仅如此，这一系列技术成果并非只是纸上谈兵，其在实际工程建设中的迅速转化和成功应用，使天津航道局的核心竞争力在短短十几年内得到了迅速提升，在水运工程建设技术领域取得了极大的竞争优势，对中国疏浚业的发展起到了引领、创新和推动作用。

第二节　引进—消化—吸收—落后的怪圈

一、四轮引进—消化—吸收—落后

在过去百年的历史里面，可以看到，中国疏浚装备经历了四轮的引进—消化—吸收—落后。

第一轮技术装备引进是在19世纪末。我国开始向荷兰IHC船厂所代表的发达国家疏浚公司大规模引进疏浚装备，这种引进是比较成功的。我国通过引进装备努力实现本土化建设。在民国时期，江南造船厂等建造了本土的疏浚船舶。

第二轮引进是在1966年。我国花费约折合4万吨黄金的资金引进了"津航浚102"号，进而仿制了"劲松"号和"险峰"号两艘船舶。这背后形成了中国船舶工业集团公司第七〇八研究所的设计、江南造船厂的制造与上海航道局的施工三个方面的融合，在当时特殊的历史时期背景下推行"三结合"，实现了设计、制造、施工的融合。在这种集中力量办大事的举国体制状态下，中国第一次实现了疏浚装备的本土化进程，完成了4 500吨的"劲松""险峰"号两艘船舶的建设。但是这种新的技术并没有被长期地保存下来，缺乏自主创新能力，导致中国在20世纪90年代又一次落后。中国能够做的是低端的自主制造，没有产业升级。不过值得肯定的是，通过货改耙等方式，中国实现了具有经济效率的自主制造。

"险峰"号轮邮票如图6-1所示。

图6-1 "险峰"号轮邮票

资料来源：中交集团提供。

第三轮引进是20世纪90年代。中国引进了"新海豹""新海龙"号两艘船舶，后来仿制了"新海虎"号等一系列船舶，于是出现了另一轮引进—消化—吸收。但是，大约20年后，"新海龙"号所代表的一些相关技术装备又一次落后。

2012年以来，中国制造了像"天鲸"号、"天鲲"号等的一系列全球技术最先进的疏浚船舶，获得了国家科学技术进步奖特等奖，这足以证明中国已经构建了完整的疏浚专业产业链。那么，在这几轮引进—消化—吸收—落后的过程中，我们有什么启示呢？面对新工业革命，中国的疏浚船舶能不能在此次完成赶超？

对于以上问题，首先应该认识到的是，这不是简单的引进—消化—吸收—落后，而是一个赶超模型，也是中国的疏浚船舶在每一次大规模引进后与世界发达国家不断缩小差距的过程。在中华人民共和国成立前，我国只是简单地仿制小型挖泥船，而在20世纪70年代开始了大规模仿制大型挖泥船，这说明了我国船舶制造能力出现了革命性进步。而在此期间，挖泥船的动力系统已经从简单的蒸汽动力系统转化为柴油机动力系统。每一次引进—消化—吸收都是在缩小与发达国家的最先进水平之间的差距，所以赶超就是不断去接近前沿。我国在这一过程中作了很多的集成创新和本土化的创新，也就是结合国内工程的需要，完成一些本土化的创新。比如，货改耙的研究就是本土化的具有经济效率的创新，再如"新海龙""新海虎"号的本土化装备的研究。

　　其次，中国在引进—消化—吸收过程中逐渐构成完整的产业链，疏浚船舶的生产、施工、制造等有关部门相互串联起来，组成了联合的实验中心，完成了国家规划的一些工程项目。这种全产业链的构建恰恰是在社会主义市场经济体制下依靠举国体制来实现的。与20世纪70年代的"劲松"号和"险峰"号相比，在21世纪，国家形成的设计部门有中国船舶工业集团公司第七○八研究所和上海交通大学，制造部门有振华重工、招商重工和文冲船厂等，以及上海、天津和广州3个航道局所代表的施工部门。它们之间的产学研的合作是不断加深的。企业也不断完善了自己的研发部门。这种全产业链的形成体现在设计、实验与生产制造单位和市场需求的有机结合。这在中港疏浚集团表现得比较明显。

　　最后，引进—消化—吸收—落后背后还有一个本土化的过程。引进从来不是纯粹地引用，而是有本土化的特色与创新。没有哪一艘船舶是完全一模一样的。典型的是"新海虎"号的研发。当然，可以看到，中国疏浚船舶与世界发达国家比起来还有很大的差距。

二、疏浚船舶制造与发达国家的差距在哪里？

　　第一点，体制问题。疏浚船舶的设计、制造和使用三方有三个不同的部门，在很长的历史时期，是由上面的部委来决定的。这种条块框架结构不利于生产经营。这是一种体制上的原因，最好是要把它们三个整合在一起。

　　第二点，行业特殊性。疏浚是一种高资本和高技术相结合的行业，它所面临的、所要求的综合工业实力是比较高的，发动机动力系统研发与改进以及装备设计等都需要不断沉淀的过程，这也需要国家综合工业实力不断提升。在这种背景下，如果中国不整合全球资源而只局限于国内，那么必然受到一定的约束，这也就导致了我国在资源质量上与欧美的差距，如优质钢材、发动机、扬水机等。为什么中国不在全球范围内整合最好的零部件、最好的产业链呢？原因是多方面的，比如受制于外汇需求，或者为了推动进口替代产业的发展；另一个可能的原因在于，西方有意识地对中国有关产业实行禁止贸易，采取打压政策，即买不来、学不来、要不来的技术封锁。

第三点，我国相关人才的规模还不够。引进—消化—吸收的过程需要长期沉淀，而中国相关的基础理论研究还不够，也就是基础理论创新和应用性创新二者没有实现有机匹配。我国目前虽然有像中国船舶工业集团公司第七〇八研究所这样的机构，但研究人员规模与欧美相比还有很大的差距。除此之外，我国对战略性行业缺乏保障。其中很重要的一点就是，就创新而言，我国相关的知识产权保护还不够完善，导致设计者、研究者的创新动力不足。

第四点，国家对疏浚行业的重视程度还不够。战略性行业在很多国家是受国家保护的，是不许外来贸易的。而疏浚行业作为一种战略性新兴行业，在中国面临着内外双重压力，受到国外的打压，被限制出口。因此，中国疏浚事业想要快速发展，并且要在"一带一路"建设中发挥更大作用，目前看起来是比较困难的，这需要国家对战略性行业予以兜底。

第五点，行业存在自然垄断。疏浚行业的小众性也就导致了它存在自然垄断的问题。制造和设计单位不需要太多，可能一两个专业的就足够了，而施工单位可以有很多。在这种情况下，各国疏浚企业可能存在上游只有一家独资的设计研究单位的情况，很显然，这是一种市场饱和。因此，在这种天然垄断的行业中，中国要去替代欧美的话，一种可行方式就是直接收购，但这需要政府有力的战略性政策支持，帮助我国疏浚行业在全球市场中抢占完全垄断地位。

第六点，疏浚行业的市场需求具有不稳定性。这直接体现在我国对疏浚的需求受到中国典型的政治经济学影响，其背后并非纯粹的经济学故事。对于船舶的需求变化也集中体现了政治对经济的影响，反映在行业中便是中国疏浚事业背后的一种政治因素。从"三年大建港"到20世纪80年代从荷兰IHC船厂等大规模引进疏浚船舶等历史事件中，我们需要注意到，每一次大型引进都是对国际政治和经济关系的反映。比如尼克松访华代表中美关系改善，导致中国外贸增长，所以才造成疏浚业的大压港问题，进而推动了"三年大建港"等。诸如此类还有百船计划等。可以看到，这种非经济因素带来的影响对船舶行业、船舶制造和设计单位而言，是不可持续的、非正常的。这种不稳定的需求对既有的制造和设计单位来说是很大的冲击。这种非连续性、非稳定性是非常显著的，具有这种特色的影响因素也包括疏浚市场需求量。随着国家市场化建设，尤其是对外国际贸易的发展、经济全球化的推进，国际市场对疏浚的需求也在不断上升。2001 年中国加入 WTO 以后，国际市场对中国疏浚业的需求快速上升，这给中国的疏浚业提供了 10 年的黄金发展期，尤其是在重大工程方面，中国疏浚业发挥了非常积极的作用。但是，随着这些工程的结束，中国疏浚业失去了高增长的态势，又再次回到一个正常的、稳定的市场中。这也给后续发展埋下了产能过剩的伏笔，即高峰时期遗留的很多疏浚船舶被闲置。这种资产的闲置是有折旧的，对于企业来说是很大的损失。

第七点，中国船舶工人的技术水平。中国船舶工人的技术水平还不高，即使有非常好的设计、非常好的船舶，也可能生产不出来；即使生产出来了，生产过程精细度也欠缺，施工过程容易出现各种各样的问题，加速装备磨损。这个问题需要依靠整个社会的工匠精神、科学家精神和企业家精神的增强来解决。

第八点，生产制造装备单位、设计单位和使用单位，三方相互属于不同的部门，于是出现了诸多制度外的交易成本。典型的例子就是招拍挂。因为疏浚属于小众的行业，相互之间强制性推行招拍挂的政策，实际上是增加了交易成本，也增加了寻租的机会。优秀的经营方式应该是将相关产业、相关制度内部化，将专门的设计单位、制作单位和施工单位纳入一个利益集团里面，构建一种长期共赢的方式。

第九点，内循环的问题，也就是生产、消费、需求等部门没有形成内循环。其所生产的是不是市场所需要的？所需要的是不是就是所设计的？如果设计单位、制造单位与施工单位三者不能有机地衔接，那么很可能是不利于技术进步的。就像项目经理兼总工程师的制度安排，这是在长江口工程以及港珠澳大桥工程中实施的制度，目的是要构建一种让技术人才懂管理、管理人才懂技术的社会氛围。实践证明，这样一种安排是有利于科技创新的，或者能够让一些创新落到实处去。

第三节　后发国家技术进步机制分析——基于国家创新系统视角

我国疏浚装备技术进步的历史逻辑表明，国际政策环境、市场需求变化、政府制度安排、产业创新体系等因素共同影响着我国疏浚装备技术的发展。仅从单一角度观察这一历程得出的结论难免具有片面性。因此，基于结构主义的分析框架，运用国家创新系统理论工具来探讨这一问题，有助于对我国疏浚装备技术进步机制形成更全面深入的认识。

一、疏浚装备技术国家创新系统的构成要素及其作用

根据Freeman等[①]、Nelson[②]对国家创新系统的定义，我国疏浚装备技术国家创新系统的要素构成包括制度、技术、人三个层面，即宏观层面政府制度安排、中观层面产学研合作体系、微观层面人的创新能力与创新意识。

（一）宏观：政府制度安排

政府制度安排是国家创新系统的领导者与组织者，发挥顶层设计、统筹规划、资金支持、战略推动的作用。政府制度直接决定了国家创新系统的形成及有效性。政府制度安排在疏浚装备技术发展历程中的作用具体表现在以下方面：

第一，政府发挥治理职能，在推动海河工程局、浚浦工程总局的成立上扮演了重要角色。19世纪80年代以来，位于京津冀水路要道的海河淤塞严重，水患频繁，严重阻碍了地方商业经济的发展。洋人相关代表古斯塔夫·冯·德璀琳（Gustav von Detring）曾多次建议规划治

---

　　① FREEMAN R, FREEMAN C, FREEMAN S. Technology, policy, and economic performance: Lessons from Japan [J]. The Learning Economy and the Economics of Hope, 1987, 13 (3): 45-60.
　　② NELSON R R. Institutions supporting technical change in the United States [J]. Technical Change and Economic Theory, 1988, 19 (13): 312-329.

理，①最终因遭到民间与政府官员的反对而无果。1897年，清政府指派代表王文韶解决此事，在政府协调下，海河工程局得以成立。②疏浚属于公共事业，若由洋人、商人所代表的私人来成立疏浚单位，必然造成利益垄断等问题，因此受到政府、民间多方面的阻碍。政府治理的优势在于有效避免了市场治理的价格失灵及外部性问题，也避免了企业治理的委托代理问题。政府通过发挥其合法的强制性力量与协商作用，实现资源配置优化以提效率，规范各利益主体行为以促公平，提供公共产品以保社会福利。③

第二，国家规划与战略推动我国疏浚体系完善与疏浚实力提升，形成举国体制。中华人民共和国成立以前，我国疏浚力量较为薄弱且分散，难以满足大规模工程建设的需要。基于此背景，1953年11月27日，交通部④发布《交通部关于航务工作的指示》决定："当前航运企业的任务应是：整顿现有的船舶、港口和修船企业……以充分发挥潜在能力……"⑤在国家统一规划下，实现了全国疏浚力量整合。此后，全国疏浚力量在国家战略目标推动下，进行各项大规模工程建设，比如浦口抢险、长山岛108工程、"南粮北运"和"北煤南运"、三线建设、"三年大建港"等，为军事、国防与国家经济发展作出重大贡献，更是在这一过程中提升了疏浚能力，形成了举国体制。举国体制具有"集中力量办大事"的特点，在国家资源有限的情况下，利用举国体制可以通过组织间协同作用有效地放大资源效能，避免重复性资源浪费，⑥从而完成市场机制不能完成的任务。

第三，改革开放与确立社会主义市场经济体制激发了疏浚企业的活力，推动疏浚业走向国际市场。我国疏浚企业在社会主义市场经济体制

① 天津市档案馆，天津海关. 津海关秘档解译——天津近代历史记录 [M]. 北京：中国海关出版社，2006：51.
② 龙登高，常旭，熊金武，等. 国之润，自疏浚始：天津航道局120年发展史 [M]. 北京：清华大学出版社，2017：5.
③ 何增科. 政府治理现代化与政府治理改革 [J]. 行政科学论坛，2014，1（2）：1-13.
④ 2008年改为交通运输部。
⑤ 《当代中国水运事业》编写组. 新中国水运事业大事记（1949—1984）[J]. 中国科技史料，1987（5）：52-64.
⑥ 钟书华. 论科技举国体制 [J]. 科学学研究，2009，27（12）：1785-1792.

改革过程中，打破条块分割，进行了承包制度与厂长（经理）责任制、疏浚单位"事改企"等一系列尝试，改变了以往效率低、企业积极性不高的情况，极大地激发了企业活力，提高了企业效率。

（二）中观：产学研合作体系

产学研合作体系是国家创新系统的重要推动力量，其功能在于知识创造、知识传播以及知识的应用与转化。产学研合作体系不是企业（产）、高校（学）、独立研究机构（研）等之间简单地加总，而是在相同的目标下相互合作，创造更多的知识。

疏浚企业及科研院所是进行疏浚船舶设计的主力军。科研院所集中了疏浚船舶技术研发与设计的专业人才，有利于技术攻关。20世纪50年代后形成的中国船舶工业集团公司第七〇八研究所一直以来都参与我国重要装备的建设，为我国疏浚装备技术的提升奠定了坚实的基础。"劲松""险峰"号两船即由中国船舶工业集团公司第七〇八研究所设计，当时两船技术水平在国际上也处于先进行列。随着疏浚需求的不断扩大，我国各疏浚单位愈加认识到装备技术的重要性，开始申请成立自己的研究所，进行自主研发。如1961年上海航道局成立科学研究所、1975年广州航道局成立设计研究所等。在疏浚实践与科研过程中，我国还成立了交通科学研究院、上海船舶运输科学研究所、南京水利科学研究所、西南水利水运科学研究所等科研单位。改革开放以来，为贯彻落实"经济建设必须依靠科学技术，科学技术必须面向经济建设"的科技工作总方针，我国疏浚单位加强疏浚科研体系建设与投入。如在2003年，天航局以下属设计院的技术力量为依托成立了技术中心，形成了一套完整的组织结构和运行机制，部门分工明确，紧密合作，为技术创新、科技研发、专利申报以及各项技术管理工作的顺畅有效运行打下了坚实的基础，先后完成了几十项重大设计、科研及船舶改造任务，于2011年成功晋升为国家级企业技术中心。又如工程船舶设计研究所，作为天航局主要的疏浚装备研究机构，涉及船体、轮机、船舶电气与自动化、通用机械等相关专业的研究，承担挖泥船整船设计，挖泥船改造设计，疏浚机具研究与设计，船舶自动化系统设计、安装和调试，以及其他工程船舶技术服务等业务，在疏浚装备研究领域具备了较高的技术水平，尤其在疏浚机具设计与研究方面处于国内领先水平。中交疏浚拥有国家级工程研究中心1所、国家级企业技术中心2所、国家级重点实验室1个、省部级重点实验室3个；荣获国家科学技术进步奖特等奖、国家优秀工程设计金奖、中国建筑工程鲁班奖、交通部优秀工程勘察设计奖、中国土木工程詹天佑奖、省部级科技进步奖、中国国际交流协会"一带一路"绿色领军者企业称号等多项大奖。

疏浚企业下的疏浚船舶建造单位是维持我国疏浚力量的保障。海河工程局在购置挖泥船的同时，也建立了自己的船厂，如在海河沿岸租地、购地建立了小刘庄船厂、小孙庄船厂、新河船厂等，以进行船舶、装备的维修与建造；不仅从国外引进先进船舶，也在国内江南造船厂购置设备，如"开凌""通凌"号等破冰船。在船舶维修与建造的"干中学"过程中，疏浚技术人员积累了技术方面的知识。

高校是疏浚技术人才培育的摇篮，为疏浚队伍提供强大研发力量与坚实人才保障。20世纪60年代，天津航道局创办了第一所航道工程学校，培养了一大批疏浚人才，后来成为天航局管理与生产的骨干力量。河海大学享有"水利高层次创新创业人才培养的摇篮和水利科技创新的重要基地"的盛誉。该学校成立了"水文水资源与水利工程科学国家重点实验室""疏浚技术教育部工程研究中心"等研究机构，为我国疏浚事业培养了大批人才，参与研究并解决了我国多项重大水利工程的技术难题；2015年"水库大坝安全保障关键技术研究与应用"、2019年"长江三峡枢纽工程"课题分别获得国家科技进步奖一等奖与国家科技进步奖特等奖。我国各疏浚单位非常重视与高层次科研机构的合作，一方面，通过引进与输送相结合的方式，邀请高校专家到单位举办讲座培训，积极引进高校人才，同时将疏浚技术人员、管理人员送去高校再学习、再培养，使高校成为人才选育、培育基地；另一方面，与高校科研单位共同攻克技术难关，合力推动疏浚技术的发展。如像港珠澳大桥修建这样的重大工程就需要跨学科、跨专业的技术与人才的协同合作，项目主导型的产学研合作推动中交集团与多所大学、研究机构加强合作与联系，为国家疏浚事业的不同专业领域培养了一大批掌握先进技术与知识的人才。

（三）微观：人的创新能力与创新意识

创新能力与创新意识是国家创新系统的微观基础。熊彼特创新理论强调企业家精神在创新中的关键作用。企业家的职能在于创新。在企业家精神的推动下，企业通过采用新的产品、采取新的生产方式、开辟新的市场、获得新的原材料来源、实现一种新的组织来进行"毁灭式创新"。[①]内生增长理论指出人力资本决定技术进步。人是进行一切创新活动的主体。马克思指出："创造是一个很难从人们意识中排除的观念。"[②]创新能力与创新意识皆属于人力资本的概念范畴，二者存在联系与差别。创新能力是人进行创新活动所需要具备的知识、技能等，而创新意识是人对于创新的重要性的认识以及对创新的态度。创新能力既需要通过实践与学习等活动来积累，也需要通过提升创新意识来加强。创新意识是直接决定创新能力水平的重要因素，因为认识到创新的重要性是提升创新能力的前提。

我国疏浚队伍在"引进学"与"干中学"的实践中积累了创新能力。根据后发优势理论，技术后发国家可以利用后发优势实现技术追赶。[③]

一方面，通过引进国外先进设备，对国外先进装备进行解构式研究与模仿学习，加强了技术人员关于船舶设计与制造的理论知识学习，可以以较低的研发成本与研发时间实现技术革新；同时，在使用先进设备的实践过程中，提升了技术人员自身实践水平与操作技巧，实现从物质资本到人力资本的转化。

另一方面，根据"干中学"理论，技术创新是一个动态学习的过程。在进行航道治理、水文测验、港口码头建设、疏浚设备的制造与维修等活动过程中，疏浚技术人员积累了经验性知识，走向专业化。通过技术水平较高、经验较为丰富的老员工对新员工的"传帮带"，有

---

① 熊彼特. 经济发展理论：对于利润、资本、信贷、利息和经济周期的考察［M］. 何畏，译. 北京：商务印书馆，2000：147-149.
② 马克思. 马克思恩格斯全集：第42卷［M］. 北京：人民出版社，2017：129.
③ 林毅夫，张鹏飞. 后发优势、技术引进和落后国家的经济增长［J］. 经济学（季刊），2005，4（4）：53-74.

效地实现了知识溢出，促进了人力资本积累。

我国疏浚队伍在党的领导下提升了创新意识。创新意识不是自然就存在的，而是需要培养的。每一次我国疏浚装备技术的引进，都是以当时国际上最先进的水平为标杆，这表明我国疏浚业一直以来重视技术，充分认识到我国疏浚装备技术与国外先进水平的差距，积极学习国外先进技术与管理理念。一代代疏浚人身上形成了坚持"技术至上"的基因。①重视自主学习也是一个重要方面。1949年以后，我国疏浚技术开始全面向苏联学习。海河工程处为提升员工的技术水平，鼓励自主学习，组织举办俄文班，以便于技术人员阅读俄文相关书籍，加强理论学习。面对一次次装备引进—消化—吸收—落后的循环，我国疏浚人逐渐意识到，只有将技术引进与自主创新相结合，才能更好实现技术进步。从模仿—创新到改良—创新再到集成—创新，我国疏浚技术创新一步一步得到增强，最终实现自主研发创新的超越。

（四）三大要素之间相互联系

构成国家创新系统的3个要素相互联系，在国家创新系统的运行中发挥不同作用。

第一，政府制度安排是国家创新系统的领导者与组织者。国家创新系统的建设与运行首先离不开国家经济、政策、科技等方面安排的推动，只有从宏观层面首先将政策、战略等信息渗透到中观产业层面与微观企业层面，才能发挥国家创新系统的协同发展作用，促进效率提升。宏观层面政府制度安排的影响可以同时渗透到中观与微观两个层面，从而带动其整体发展。

第二，产学研体系是联结政府制度安排、创新能力与创新意识的桥梁，是进行协同学习的主要平台，是国家创新系统发展的重要推动力量。政府制度安排推动形成统一的战略目标，产学研体系中各主体围绕同一战略目标形成亲密合作伙伴关系，通过协同学习效果产生正反馈机制，进一步推动战略目标实现与国家创新系统发展。

---

① 龙登高，常旭，熊金武，等. 国之润，自疏浚始：天津航道局120年发展史［M］. 北京：清华大学出版社，2017：282.

第三，创新能力与创新意识是国家创新系统的微观基础。根据内生增长理论，人的创新能力与创新意识从根本上决定了技术发展的水平，从而根本上决定了国家创新系统的发展水平。国家创新系统的发展与围绕科技发展目标进行实践，无形之中提升了人的创新能力、培养了创新意识，从而为创新系统的发展提供内生增长动力。

二、疏浚装备技术国家创新系统运行机制与特征

基于全球史视野，我国疏浚装备技术的演进客观上受到国际政策环境的影响，进而改变了其发展路径。这表明我国疏浚装备技术的国家创新系统的发展受到外部冲击的影响。下文分析我国疏浚装备技术国家创新系统如何运行，受何种外部影响冲击，作出何种调适与应对。

（一）国家创新系统的外部冲击

外部冲击是相对于国家创新系统内部构成要素而言的概念，指国家创新系统外部客观存在的对国家创新系统造成影响的因素。疏浚装备技术国家创新系统的外部冲击可以概括为两方面：

1.国际政策环境变化

第一，西方列强的侵略在客观上开启了我国疏浚业的现代化进程。海河工程局成立于我国内忧外患的时代背景。海河水系治理问题一直困扰民生，而一开始并未受到清政府的特别重视。天津在第二次鸦片战争之后被增设为商埠，由于天津的商业活动受海河淤积影响严重，帝国主义列强提出要治理海河。在此背景下，清政府协商各方成立了海河工程局，引进国外先进船舶，开启了我国疏浚业的现代化进程。直到抗日战争前，我国疏浚队伍在国内外资本的推动下实现了稳步发展，之后多年战争使我国疏浚力量遭受破坏。

第二，西方国家对我国实行禁运与贸易限制，阻碍了我国疏浚装备技术的引进学习。1949年11月，以"巴黎统筹委员会"为代表的西方国家对中国实行禁运和贸易限制，给我国疏浚事业的发展带来较大压力，好在还可以向苏联学习。在苏联的帮助下，我国疏浚业不仅在技术上实现发展，更是在人才、资金、管理经验上实现了全面的长足进步。然而，国际政治环境风云变幻。1960年，中苏关系破裂，来华指导的

苏联专家全部撤回，我国疏浚工业化发展赖以依存的坚实后盾不复存在。这使我国开始反思技术进步的路径，意识到自主创新能力的重要性。自此以后，我国各疏浚单位纷纷建立研究所，开展校企合作研究，大力支持自主创新。

第三，关键核心技术长期面临"卡脖子"问题。我国船舶的设计水平距离国外最先进水平仍有一定差距，主要体现在核心技术的掌握方面。关键核心技术关系国家经济安全，技术先进国家往往在这方面具有垄断性，而要跨越这一鸿沟，改变关键核心技术"卡脖子"现状，就必须发挥国家创新系统的力量。

2.市场需求变化

疏浚市场分为国际市场与国内市场。长期以来，我国利用人口红利与超大规模市场优势，积极融入国际化（如20世纪90年代以来疏浚海外市场的开拓，加入WTO以来积极参与国际疏浚项目工程等），以疏浚市场需求推动疏浚业的发展，逐步成为世界上年疏浚量最大的国家，也是挖泥船制造业第一生产大国，已经进入世界疏浚强国行列。国际市场需求的扩大对我国疏浚装备技术提出更高要求，疏浚工程与项目的竞争更多注重技术与效率。

（二）国家创新系统的运行机制

国家创新系统的本质是政府调控下的产学研高度合作，[①]强调企业、大学、政府等主体之间的协同学习，[②]在协同学习中，知识的生产、传播、扩散对国家创新系统创新过程十分重要。[③]信息传导机制与产学研微观主体间的协同学习机制是国家创新系统的运行基础。

1."冲击-反应"的信息传导机制

根据信号传递理论，信息是影响行为者决策的重要因素，信息传导是其中重要一环。在国家创新系统中，决策者是国家/政府。政府在接

---

① 刘海峰. 产学研合作与国家创新体系 [J]. 重庆大学学报（社会科学版），1999（4）：63-65.
② 肖德云，严艳芬，李伟保. 学习视角的国家创新体系研究综述 [J]. 中国科技论坛，2011（1）：47-52.
③ MULLER E, ZENKER A. Business services as actors of knowledge transformation: The role of KIBS in regional and national innovation systems [J]. Research Policy, 2001（30）：1501-1516.

收到某些信息以后，发现现行制度的弊端，比较制度创新的成本与收益，作出是否制度创新的决策，以及选择何种制度创新。在政府新的制度领导下，国家创新系统下各要素相应作出调整，达到新的短期制度均衡。

费正清在其著作《中国与美国》《中国对西方的反应》中归纳出"冲击-反应"的模式，以解释中国社会从传统向近现代演变的原因。其核心观点认为，由于独特的文化传统，中国缺乏走向近现代化的内在动力，只能依靠西方社会带来的冲击来推动变革。"冲击-反应"论虽存在欧洲中心论的色彩，具有单向性与片段性的特征，[①]需要我们理性客观对待，但对于深入认识国家创新系统运行的机制，仍可批判性借鉴。

参考"冲击-反应"模式，国家创新系统的信息传导机制之一即外部冲击影响下的自上而下的信息传导机制（如图6-2（a）所示）。

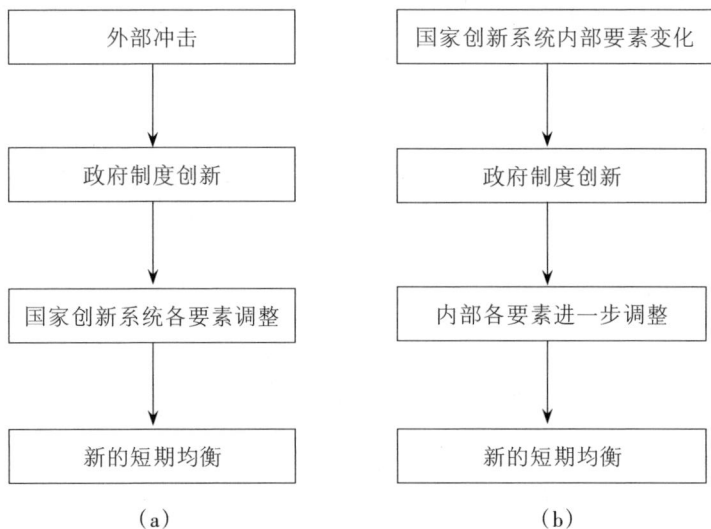

图6-2　自上而下（左）与自下而上（右）的信息传导机制

资料来源：余镐. 后发国家技术进步的机制与路径——基于中国疏浚装备技术的研究［D］. 北京：中国政法大学，2023.

中华人民共和国成立以后，国家大规模的经济建设对港口疏浚的

---

① 熊金武. 从土地单一税到地价税——兼论近代经济思想史领域内的欧洲中心论［J］. 复旦大学学报（社会科学版），2020，62（1）：144-155.

需求越发强烈，由于技术水平的限制，我国无法独立建造结构和技术性能特殊的大型先进挖泥船，因此这是我国进行大规模技术和设备引进的一个时期。而由于政治上的"一边倒"政策和西方国家的孤立、封锁，中国的技术引进主要来自苏联和东欧各国。在1950—1959年中国订购进口的415个成套设备项目中，来自苏联和东欧各国的分别为304个和108个。苏联、德意志民主共和国、捷克斯洛伐克、波兰、匈牙利、罗马尼亚等国均有专家来中国进行技术援助。[1]但随着1960年7月16日中苏关系破裂，苏联突然宣布召回全部援华专家，单方面撕毁中苏政府签订的12份协定，废除200多项科技合作项目和300多份专家合同，大量苏联水运专家也随之撤去，部分在建港口工程也面临搁置。[2]这客观上加快了中国自力更生进行建设的步伐，开始了对中国疏浚道路的探索。各疏浚单位在依靠地方、依靠群众，以普及为主，发展交通的"地、群、普"[3]方针下放归地方政府领导，项目短期内快速上马，疏浚队伍快速扩张。后来中央政府于1961年开始实行"调整、巩固、充实、提高"的"八字方针"，当年7月下发《国营工业企业管理工作条例（草案）》。据此，交通部直接管理施工、规划、勘察、设计力量，大力发展港机企业，开始构建中国疏浚体系。在内河航运和三线建设的实践过程中，我国疏浚力量得到恢复和发展。

国家创新系统的信息传导机制之二即由系统内部要素变化而推动的自下而上的信息传导机制。国家创新系统内部首先作出变动，引发政府关注，进而从制度层面加强变革的自下而上的信息传导机制（如图6-2（b）所示）。

20世纪90年代以前，洞庭湖防汛始终是长江流域治理的一个大问题。由于湖底淤积，洞庭湖越来越浅，蓄水能力越来越差。湖南省水利

---

① 武力. 中华人民共和国经济史［M］. 北京：中国时代经济出版社，2010：41.
② 清华大学华商研究中心课题组. 现代疏浚史研究（1949—2000）［Z］.（未出版的书稿）
③ "大跃进"和"文化大革命"时期，公路管理在曲折中前进。1958年，在全国范围内掀起了建路高潮。交通部1958年上半年提出了依靠地方、依靠群众，以普及为主，发展交通的"地、群、普"方针。"地、群、普"方针的提出，一方面对于充分发挥地方和群众的积极性，加快广大农村、山区和偏远地区的公路建设是正确的；另一方面出现了不尊重科学、不讲究质量、片面追求数量的倾向，造成了不少浪费。

厅为了解决每逢汛期人员和经济受损严重的问题，摸索出"挖泥建垸"的方法，即挖出洞庭湖底的淤泥，堆积起来建垸。这样既解决了湖深的问题，又可以让人们居住在高高的垸上，免受汛期的危害。为了实施这一工程，湖南省水利厅于1994年引进了两条荷兰IHC船厂的挖泥船。这两条挖泥船为洞庭湖治理立下了汗马功劳，它们不仅灵活轻便、耐磨损、耗能少、挖泥多，而且续航时间长，与国产挖泥船相比具有很大优势。时任国务院副总理邹家华视察洞庭湖防汛工作时，详细了解了"挖泥建垸"工程，对其给予高度肯定。此后，国家又从荷兰IHC船厂购买了6条挖泥船，用于内河的清淤治理。由于当时国内内河疏浚市场需求量较大，需要大量挖泥船来进行疏浚作业。党和国家领导人对河湖清淤和堤防加固工作非常关心和重视，并对此作过许多重要指示。根据中央领导的指示和要求，水利部进行了深入细致的调查研究，在1996年初步组织拟定了江河治理"百船工程"项目计划，并进行了可行性研究和清淤实验等工作。根据《国家计委关于购买挖泥船问题的复函》的精神，水利部在1997年10月开始制造两艘实验船，为"百船工程"全面实施积累经验、创造条件。实验船由中国水利投资公司联合中国船舶工业总公司等国内造船企业和外商合作建造。第一艘实验船于1998年6月在治淮工程中投入清淤施工，第二艘实验船于1998年10月在海河河口投入清淤运行，情况良好。实验船的建造在引进国外技术与部件、确保质量、降低造价并逐步实现国产化等方面积累了经验，达到了预期的目标。

1998年10月，中共中央、国务院下发了《中共中央、国务院关于灾后重建、整治江湖、兴修水利的若干意见》，明确要求"抓紧加固干堤，建设高标准堤防，清淤除障、疏浚河湖"；同时，提出了"总清淤量约6亿立方米，力争3年内完成。为此，必须组建行业或地方的大规模专业清淤疏浚队伍，并充分发挥现有的能力。通过招标组织有条件的企业生产挖泥船，明年争取新装备40艘，以后逐年增加，力争到2000年新增100艘以上"的工作任务。

"河湖疏浚挖泥船建造项目"是中共中央、国务院1998年第15号文件确定的利用国债资金的国家防洪治理重点项目。项目总投资68 630万元，建造9种船型的挖泥船53艘、建造各种辅助船舶34艘及其他辅助设施。

1999年6月，原国家计委、水利部颁发了《挖泥船建造和河湖疏浚工程项目管理办法》。根据该管理办法，由原国家计委、水利部、中国船舶工业总公司、中国国际工程咨询公司、中国水利投资公司联合成立了挖泥船建造和河湖疏浚工程项目领导小组，领导项目建设；委托中国水利投资公司作为项目责任单位，承担项目法人责任。中国水利投资公司成立了专门机构——百船工程项目办公室，公司法定代表人为百船工程项目办公室主任、项目总负责人。百船工程项目办公室依据《挖泥船建造和河湖疏浚工程项目管理办法》，编写了《河湖疏浚挖泥船建造项目实施方案》，经原国家计委、水利部批复后，项目开始实施。

"百船计划"的实施起源于国内一次偶然的疏浚实践，通过信息传导机制，上升为国家战略目标，从而为我国疏浚事业的发展作出了巨大贡献。

2.协同学习机制

协同的经济学含义最早由安索夫（A. H. Ansoff，1987）精确地概括，即企业的整体价值大于部分价值之加总，协同模式的有效性部分源于规模经济。[①]协同学习与组织学习密不可分。组织学习的内涵即围绕特定目标与业务活动来建立组织、补充知识和改善日常程序，从而提高员工技能与组织效率，[②]通过不断创造、积累和利用知识资源，努力改变或重新设计自身，以适应不断变化的内外环境，从而保持可持续竞争优势的过程。[③]学术界常用协同学习机制分析并揭示组织系统学习的机制。

以信任为重要表现形式的社会资本的积累在推动各参与主体之间的

---

① ANSOFF A H. Corporate strategy [M]. Revised edition. London：Penguin Books，1987：35-83.
② DODGSON M. Organizational learning：A review of some literatures [J]. Organization Studies，1993，14（3）：375-394.
③ 陈国权. 学习型组织的过程模型、本质特征和设计原则 [J]. 中国管理科学，2002（4）：87-95.

深度合作上发挥了重要作用。①企业、高校与研究机构各参与主体在政府制度的推动下，基于一致目标展开协同合作，从协同合作中感知协同效果，即交易费用减少与信息共享，以及在干中学过程中实现各参与主体的协同进化，最终形成协同主体满意。协同主体满意进一步加深各参与主体之间的协同共识，形成密切合作关系。信任机制推动了社会资本的形成、积累与复制，从而进一步推动新一轮协同合作，使得各参与主体在长期协同合作中实现协同进化。国家创新系统的信息传导机制与协同学习机制的运行过程如图6-3所示。

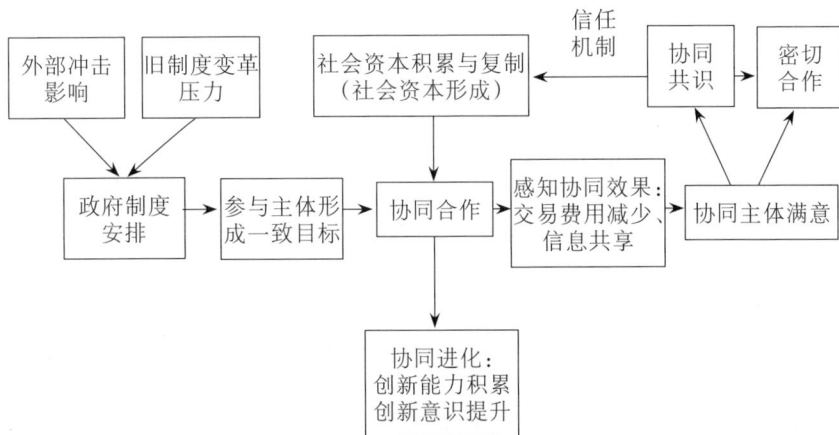

图6-3 国家创新系统的信息传导与协同学习机制运行过程

资料来源：余镐. 后发国家技术进步的机制与路径——基于中国疏浚装备技术的研究 [D]. 北京：中国政法大学，2023.

（三）疏浚装备技术研发过程中的协同学习演进

我国疏浚装备技术的国家创新系统遵循协同学习演进机制，实现各主体协同进化的系统性整体发展。在政府战略推动下，产学研合作形成了协同学习环境，在科研协同学习过程中，产学研体系基于相关课题研究组成科研团队进行组织学习，组织学习具有参与成员的广泛性与系统性特点，进而提高了信息与知识的利用效率，推动取得科研成果。在产业化协同学习过程中，科研团队基于市场需求进行产品改进与技术创

---

① PUNNAM R D, LEONARDI R, NANETTI R Y. Making democracy work [M]. Princeton：Princeton University Press，1993.

新，最终成功研发装备，实现疏浚市场拓展与产业发展。通过协同绩效的反馈机制，协同学习得以深化，从而实现各主体协同进化，国家创新系统整体动态发展（如图6-4所示）。

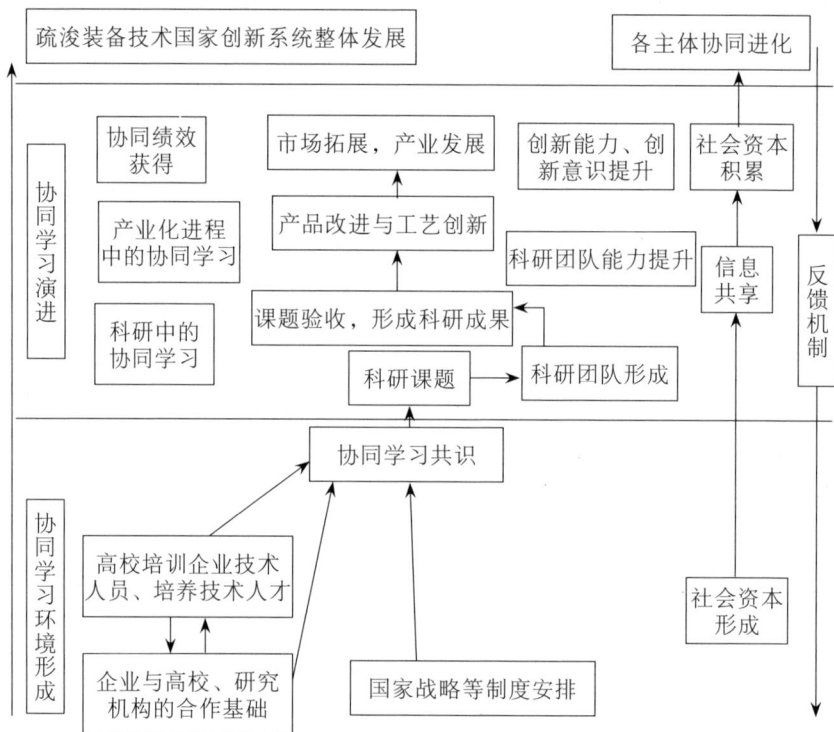

图6-4 疏浚装备技术研发过程的协同学习演进

资料来源：余镐. 后发国家技术进步的机制与路径——基于中国疏浚装备技术的研究［D］. 北京：中国政法大学，2023.

以20世纪60年代开始的长江口整治研究为例进一步说明我国疏浚装备技术的协同学习演进过程。最初由上海航道局与华东师范大学进行技术合作研究该课题，其中还有疏浚专业领域的专家，包括时任河海大学校长严恺、南京水利科学研究所窦国仁等。他们进行了大规模的现场观测，分别在1958年洪水季节与1959年枯水、洪水季节进行了3次水文测验，参与人员达上千余人，积累了许多宝贵数据，为进一步展开科学研究奠定了重要基础。此为社会资本的形成阶段，企业与高校通过共同参与水文测验实践，已经初步具备一定合作基础，培养了专门人才。

1961年，依托已有的观测成果，上海航道局成立了科学研究所进一步展开研究，并于1968年召开了长江口疏浚会议，70年代展开了长江口整治工程试验。1973年，在周恩来总理提出"三年改变港口面貌"号召的大背景下，长江口航道治理工程被列为国家重点建设项目。1992年，长江口整治研究课题被列为国家"八五"科技攻关项目，成为国家重大工程，交通部、水利部、上海航道局都参与其中。由时任国务院副总理邹家华、吴邦国亲自把关，交通部成立了一个专门机构——长江口航道建设有限公司①，后来成立了当时亚洲规模最大的交通部长江口深水航道科学试验中心，以作为工程的科研支撑。此即科研中的协同学习过程，以重大研究课题为共同目标，形成专门科研团队，进行重点技术攻关。长江口深水航道治理工程历时13年，于2011年5月通过国家竣工验收。在这一过程中，我国疏浚装备技术实现革命性变化，极大提升了技术创新能力。长江口深水航道治理工程的技术创新达74项，其中原始创新49项。工程获2005年国家优质工程唯一的金质奖、2006年度中国航海学会科学技术特等奖和2007年度国家科学技术进步奖一等奖。②这些技术上的重大突破在我国后来港珠澳大桥和南海造岛工程中得到推广应用。此即产业化进程中实现科研成果的产业化运用，推动疏浚业整体发展。

（四）疏浚装备技术国家创新系统的特征

1.整体性

国家创新系统强调制度与企业、行业内各企业单位之间及企业与人才三个层次之间的有机结合与统一，三者缺一不可，只有三个层次相互匹配、相互适应、相互协调，才能构成有效率的国家创新系统。若缺乏国家政策的推动，或受到制度因素的阻碍，则难以获得资金、资源等方面支持，技术研发难以进行；若产业层面没有形成产学研配套体系，则

---

① 2000年1月更名为交通部科学研究院河口海岸科学研究中心，2005年6月更名为上海河口海岸科学研究中心。
② 张林，杨建勇，张励．翁孟勇：长江口深水航道治理国家重大工程上马始末[EB/OL]．（2020-07-09）[2023-06-03]．https://www.thepaper.cn/newsDetail_forward_8191012.

仅仅依靠分散的科研力量难以进行技术攻关，科研成果难以转化为市场需求；若缺乏创新能力与创新意识，则只能走技术引进的老路，继续陷入引进—消化—吸收—落后的"怪圈"。

2.普遍联系性

构成国家创新系统的三个要素相互联系，宏观层面政府制度是基础，中观层面产学研体系是重要推动力量，微观层面创新能力与创新意识是技术进步的内核。政府在创新系统中扮演了领导者与推动者的重要角色，有时候国家的战略与政策直接主导了企业的行为、决定了行业的发展。人的创新能力与创新意识从根本上决定国家创新系统的发展水平。产学研体系连接政府制度、创新能力与创新意识，有助于协同学习。

3.动态性

在经济全球化时代，不能仅从国内视角孤立地看待经济史，而应该将经济史置于全球史的分析框架中。我国疏浚业的发展在很大程度上受到国际环境变化与国际市场需求变化的外部冲击影响，国家创新系统在不断调整与适应的过程中动态发展。

基于上述分析，我国疏浚装备技术的国家创新系统在内外环境变化的情况下通过信息传导机制与协同学习机制动态发展，在一轮一轮的调整与应对过程中实现进化升级，疏浚业在协同学习演进中实现螺旋式上升，各主体深入合作、协同进化。国家创新系统具有整体性、普遍联系性与动态性的特征。

党的二十大报告指出："教育、科技、人才是全面建设社会主义现代化国家的基础性、战略性支撑。必须坚持科技是第一生产力、人才是第一资源、创新是第一动力。""完善科技创新体系。坚持创新在我国现代化建设全局中的核心地位。完善党中央对科技工作统一领导的体制，健全新型举国体制，强化国家战略科技力量，优化配置创新资源，优化国家科研机构、高水平研究型大学、科技领军企业定位和布局，形成国家实验室体系，统筹推进国际科技创新中心、区域科技创新中心建设，加强科技基础能力建设，强化科技战略咨询，提升国家创新体系整体效能。深化科技体制改革，深化科技评价改革，加大多元化科技投入，加强知识产权法治保障，形成支持全面创新的基础制度。培育创新文化，弘扬科学家精神，涵养优良学风，营造创新氛围。扩大国际科技交流合作，加强国际化科研环境建设，形成具有全球竞争力的开放创新生态。"

第四节　技术进步问题进一步讨论

一、技术进步路径变迁

技术进步路径变迁问题存在两个方面：一是初始路径的选择；二是路径的转换。

（一）技术进步路径选择与路径依赖

新制度经济学派的路径依赖理论常被用来分析技术与制度变迁的历史，其核心思想在于，一个经济体或企业一旦出于偶然的或其他原因接受了某种制度/技术，由于其具有高固定成本、学习效应、协作效应与适应性预期，该制度/技术就会形成类似于物理学上的惯性，延续下去。一个典型的证明案例就是 Qwerty 键盘与 DSK 键盘。前者发明于 1870 年，后者诞生于 1932 年。DSK 键盘的字母排列方式理论上更为科学，打字速度比 Qwerty 键盘快 20%，但市场最终选择了最先进入市场的 Qwerty 键盘。运用路径依赖理论来解释该现象的原因，在于人们已经对 Qwerty 键盘形成了学习效应与适应性预期，更改键盘导致的不便将带来高适应成本。

路径依赖理论注意到了技术变迁的成本与收益比较，但认为技术进步路径的初始选择具有偶然性。而我国疏浚装备技术进步的历史表明，特定历史时期下一国的初始条件影响着技术进步的路径选择。基于国家创新系统的视角，国家经济社会结构与外部冲击都对技术进步路径的初始选择带来影响。海河工程局即将成立之前，我国曾经进行过自主研发疏浚装备的尝试，但终不能满足经济社会发展需要，这是由我国当时的技术能力决定的。我国近代疏浚业发展起步比国外发达国家晚了一百余年，缺乏疏浚技术与人才，海河工程局与浚浦工程总局也只负责所属区域的航道疏浚。从整体来看，国家创新系统尚未形成，疏浚力量分散且薄弱。在这样的内部结构下，又受到国际环境冲击，毫无准备的海河工程局与浚浦工程总局只能走上装备引进的道路以解决燃眉之急。因此，技术进步的初始路径选择看似具有偶然性，实则具有其必然性。

（二）技术进步路径转换

路径依赖理论可以用于解释我国技术进步路径短期的延续，而不能解释长期的技术进步路径变迁，因为其将外部随机因素当作外生变量。[①]我国疏浚装备技术路径的变迁何以突破路径依赖？关键在于国家创新系统的形成与发展。

马克思主义辩证法指明了否定之否定的事物发展范式。一种状态的稳定只是暂时的，当内部结构的变动积累到一定程度时，在外部冲击的催化作用下，将会由量变引起质变。1949年以后，疏浚装备技术的国家创新系统初步形成，在政府制度安排推动下，形成了较为完善的疏浚体系；在举国体制大背景下的工程实践与多轮的技术引进学习过程中，提升了创新能力与创新意识；通过政产学研协同合作，实现了国家创新体系整体发展。国家创新体系在发展到我国具备进行自主创新与核心技术攻关能力的程度时，构成了质变的前提，疏浚国际市场需求的冲击与国际竞争、国际技术封锁等外部因素促发了我国疏浚装备技术路径向自主创新的转变。

从成本与收益比较的分析视角来看，对于模仿学习来说，自主研发需要更高的研发成本，包括科研时间、科研平台、科研经费，相关技术人才的培养是一个长期的过程，面临研发失败等问题。但其带来的收益同样更高，一旦实现一项技术的突破，就能提高技术水平，从而在市场中更有竞争力。国家创新系统在长期动态协调发展过程中提升了创新能力与创新意识、产学研协同合作效率等，内化了技术进步路径转换的成本，为技术进步路径转换创造了有利条件。

我国疏浚业技术进步路径变迁过程存在于国家创新系统的动态发展

---

① 刘元春. 论路径依赖分析框架［J］. 教学与研究，1999（1）：42-47；80.

过程中，是政府制度、产学研体系、创新能力与创新意识相互作用下实现协同进化的结果，是由量变到质变，从一个稳定状态到新的更高层次的稳定状态的过程。

伴随国家创新系统的动态发展，我国疏浚装备技术进步路径经历了从装备引进到模仿学习再到自主创新的变迁。制度与技术是决定经济增长的两个方面，而两者亦存在关系。从短期来看，技术决定制度，因为技术条件制约了路径选择；从长期来看，制度安排决定了技术进步路径的选择，进而决定了技术进步。技术进步路径的转换是国家创新系统发展的结果，是为适应国家创新系统内部结构而作出的制度调整。一国技术进步路径的选择要符合本国经济发展实际，在技术水平较低的情况进行自主创新是一种较为不切实际的幻想，而应该利用后发优势，积累创新能力；在具备一定技术水平的情况下，自主创新有利于长期技术进步。

二、技术进步与陷入"中等收入陷阱"

(一) 中等收入陷阱

2008 年，中国人均国内生产总值为 24 121 元人民币，首次达到中等收入水平。从此，一个摆在中国面前的问题是："中等收入陷阱"能否被跨越。事实的发展似乎朝着愈来愈艰难的方向而去，2008 年后我国经济增速在经历了短暂的上涨后开始了长达 8 年的回落过程。这使得人们对能否跨越"中等收入陷阱"愈发担忧。

"中等收入陷阱"这一概念由世界银行在 2006 年首次提出并阐述，即经济体进入中等收入阶段以后，原有的经济增长模式无法支撑经济进一步发展，容易陷入经济增长停滞的困境。2007 年，世界银行又进一步对"中等收入陷阱"概念作了更具体的解释，认为由于面临低收入经济体在制造业低成本劳动力以及高收入经济体在高新技术领域的竞争，中等收入经济体的经济增长放缓，同时支撑经济高速增长的以要素积累为基础的发展方式又难以为继，这些经济体难以走出"中等收入陷阱"。①

　　从世界银行对"中等收入陷阱"的定义可知，此问题实际上是关于一国人均收入的增长问题。因此，对"中等收入陷阱"的研究也须落实于推动收入增长的根本动力之上。对增长问题，尤其是长期增长问题的研究则必须落实于技术进步之上。因此，"中等收入陷阱"问题最终将归因于不发达国家的技术进步。基于"中等收入陷阱"的特殊表现，这将意味着不发达国家的技术进步过程必然存在阶段区别。不然，这无法解释落后国家在技术进步至一定水平后后继乏力的事实。而这也是已有研究所忽略的地方。因此，对"中等收入陷阱"的研究将从不发达国家的技术进步阶段划分开始。

　　（二）技术进步的阶段划分

　　"中等收入陷阱"表现为在长期的经济高速增长后所出现的增长停滞现象，即技术进步速度的先快后慢甚至停滞的表现。以不发达国家为研究主体，对其技术进步过程进行阶段划分，可以分为三个阶段：第一阶段为转移性技术进步阶段；第二阶段为替代性技术进步阶段；第三阶段为创新型技术进步阶段。

　　在第一阶段，发达国家向不发达国家的产业转移是其基本表现。在技术不断进步的过程中，必然形成已有技术水平的阶梯状差距。由于与新技术所共生的超额利润的存在，新旧行业间、新旧技术间的利润分配将形成明显区别。在机会成本的作用下，资本必将流向获益最高的技术所对应的生产环节或行业。而相对落后的技术将向外转移，形成不发达国家以产业承接为表现的技术引进。与此同时，此阶段不发达国家的技术进步具有典型的非竞争性。

　　在第二阶段，技术进步的速度及难度要比第一阶段艰难得多。持续不断的技术进步具有两个基本前提：技术水平上的突破创新以及对应市场的足够容量。前者是基础，而后者是保证前者能够持续进行的推动力。在第二阶段，对应产品市场已被发达国家占领。对不发达国家而言，即使其在相关领域获得了技术突破，这种技术最终如何变现

---

　　① KHARAS H, GILL I. An east asian renaissance：Ideas for economic growth［R］. World Bank Publications，2007：365.

终究是一个极为重要、困难的问题，因为这意味着不发达国家将不得不在该市场向发达国家发起挑战。而发达国家由于其先行优势将在这场竞争中占据主动地位。因此，在第二阶段，持续的技术进步显得困难重重。

当技术水平进步至第三阶段时，其面貌将发生翻天覆地的变化。如果说在第一阶段与第二阶段，需求市场是影响技术进步的一个重要因素，那么第三阶段将是一个通过技术进步实现供给自动创造需求的过程。这是因为无论是第一阶段还是第二阶段，不发达国家的技术进步均在已有技术范围内，因此这必然是一个需求更为重要的过程。而在第三阶段，新技术所代表的新兴行业以及新产品是一个新的需求的创造过程。萨伊的"供给自动创造需求"也正源于此。

回到"中等收入陷阱"的问题，其实就是大多数不发达国家面临的转移性技术进步向替代性技术进步的艰难转型，抑或称其是非竞争性质的追赶导向型技术进步向竞争导向型技术进步的适时转型。

（三）基于技术进步角度的原因分析

关于"中等收入陷阱"的经济学解释，有一种是比较优势的丧失。蔡昉总结并概括出"比较优势真空论"，即一个经济发展较高阶段的经济体，凭借资本和技术优势，在全球化竞争中获得了显著利益，而处于经济发展较低阶段的经济体，在劳动密集型产业上具有优势，也在全球化竞争中占有一席之地，但处于中等收入阶段的经济体，在尚未具备资本与技术优势时，提高工资成本会丧失廉价劳动力的优势，故比较优势的丧失导致经济增速缓慢。[①]

一些学者从"比较优势理论的困境"角度解释了一个经济体陷入"中等收入陷阱"的原因。发展中经济体在发展之初通常会大力发展劳动密集型产业，并引进其他经济体的成熟技术，而往往忽视对本经济体的技术开发，使自身沦为技术追随者，核心竞争力难以提高，最终落入"中等收入陷阱"。[②]

---

① 蔡昉．"中等收入陷阱"的理论、经验与针对性 [J]．经济学动态，2011（12）：4-9．
② 陈亮．中国跨越"中等收入陷阱"的开放创新——从比较优势向竞争优势转变 [J]．马克思主义研究，2011（3）：50-61．

　　发展中经济体陷入"中等收入陷阱"的直接原因是经济增长率的显著下滑，但经济增长率下滑背后的深层原因在于技术进步率的显著下滑。因此，本书侧重关注从技术进步动力模式的视角来解释这一问题。罗默以来的内生增长理论以及 Barro 和 Sala-i-Martin（1995）以来的技术扩散理论，均强调技术进步是推动经济增长的根本动力。这意味着发展中经济体在跌入"陷阱"前后，前期曾经有效的技术进步模式的基本条件已发生显著变化，但未能平滑转向新的技术进步动力模式。技术进步是推动发展中经济体国民收入增长的根本动力，跌入"中等收入陷阱"的深层机制是在经济体技术差距基本面发生阶段性变化后，技术进步动力模式未能适时转换而陷入技术"追赶陷阱"。

　　纵观包括中国在内的新兴工业化经济体在其高速增长时期的发展特征和经验，从技术维度看，可归结一个共同技术发展模式——追赶导向型技术进步模式，即通过有导向的大规模投资（物质体现型技术进步）、有意识维持较弱的市场竞争、较弱的知识产权保护、较密集的外资引进、较集中的政府补贴，实现资本维度的快速积累和技术维度的快速模仿吸收，从而推进国民经济高速增长。然而，相关研究表明，追赶导向型技术进步模式的有效条件依赖技术差距的阶段性，当本经济体处于国际准前沿阶段时，追赶导向型模式具有陷入技术"追赶陷阱"进而跌入"中等收入陷阱"的潜在风险。因此，应当在技术差距缩小并处于准技术前沿阶段时，加快转向竞争导向型技术进步模式以及相应的技术进步激励体系，即以扩大竞争、促进创新为核心，实行更强的知识产权保护、更宽松的外资进入政策，促进国际竞争、覆盖率更高的补贴发放，以诱导更多潜在企业进入准前沿甚至前沿产业。

三、由疏浚行业到后发国家技术进步

　　由疏浚行业技术演进机制可以得到后发国家技术进步机制的一些启发。实证研究表明，天航局技术进步对于劳动生产率的影响是长期且稳定的。对此结果合理假设其技术进步演进的模式及经验可以借鉴或复制于其他行业，进而为国家层面技术进步机制的转变提供优化方式。从中华人民共和国成立前至此，天航局经历了两轮引进—消化—吸收—落后的过程。中华人民共和国成立前引进的最先进技术，以"建设"号为代表，到20世纪70年代完全落后；"三年大建港"时期大规模的技术引进，到20世纪90年代又一次落后。不过在这个过程中，中国的自主创新能力有了一定提升。2000年左右上海航道局引进"新海龙""新海虎"号，又是对世界上最先进技术的引进。这次中国很快就实现了引进—消化—吸收，能力大幅提升，建造了一批同等吨位的挖泥船。随着中国企业参与国际化的进程越来越深入，本国工程越来越多，形成了大股建设力量。结合中国自身工程力量，从外国帮助建造"天鲸"号，到完全自主设计"天鲲"号，这一转变也体现了过去十几年中国快速的技术进步，中国的技术创新最终实现了超越。

天航局在进入21世纪以来理智应对、积极参与全球化竞争，不断提升自己的国际竞争力，最终成为国际范围内的行业翘楚。新形势既为国企营造了新机遇，如扩大了国内和国际市场空间，提供了更加规范和公平的竞争环境，有利于在更加广泛的领域内推进融资技术和管理创新，也使国企面临着新挑战，如激烈的国际竞争环境、日趋严峻的生存压力，国有企业不得不直面优胜劣汰的市场硬约束。国内外竞争倒逼企业再创新。[①]制度创新、技术创新、组织创新成为国有企业适应时代环境、制定发展战略的必由之路。对国家而言，这些技术进步的背后就是后发国家向创新驱动转变、跌破"中等收入陷阱"的过程。

四、开放的竞争市场与水运国企的"干中学"

我国实行对外开放政策，开展对外经济技术交流，利用国际国内两种资源，开拓国际国内两个市场，学会管理国内经济和开展对外经济贸易两套本领等一系列措施，使中国水运建设国际化成为对外开放的重要支撑。

1979年，交通部率先开发蛇口工业区，成为中国对外开放的先锋阵地；1980年，组建的中国港湾工程公司代表中国水运建设从简单的行政性的援外项目，向市场化的经济行为转变。20世纪八九十年代，

---

① 龙登高，王明，黄玉玺. 公共品供给的微观主体及其比较——基于中国水运基建的长时段考察［J］. 管理世界，2020，36（4）：220-231.

中国水运建设企业紧紧抓住国际市场，从劳务输出到工程承包，企业开始主动走出国门。其中，对外劳务合作和对外承包工程都属于比较传统的中国企业出海模式。

早在20世纪50年代，中国在对外援助中有一些成套设备援建项目，需要国内企业派遣建设和安装人员前往施工，配合对外援建项目成为中国承包工程建设和劳务输出的最早形式。1978年，当时的对外经济联络部联合国家基本建设委员会向国务院报务院上报了《关于拟开展对外承包工程的报告》，提出抓住国际承包工程市场的有利时机，尽快组织中国建筑力量进入国际市场。水运建设行业的国际化于是从劳务输出开始渐渐积累实力和经验，慢慢转向国际承包商。与之相对比的是，改革开放前对外工程主要是配合对外援助。

水运国企开始了"干中学"与技术进步的过程。社会主义制度下的创新能力总是会遭到一些制度学派经济学者的质疑。诚然，作为重要的水运基建单位，国家对这些企业在改革上是稳中求进、谨慎进行的，希望在市场化、企业化改革和提高国家在基建行业竞争力之间获得平衡。水运行业的发展显然不是仅仅来自国家对资源的调动，计划经济时期效率低下以及沉重的财政负担早已能说明依靠单一行政计划是难以实现真正的发展。

改革开放以后，无论是出访国外学习技术还是逐步将行业市场化，鼓励多元投资经营主体都很好说明了在逐渐放开过程中，政府的资源调配必然是遵循市场原则。所以，并不是资源的调配使水运行业的发展突破瓶颈，而是开放的市场给行业带来挑战与机遇。首先是市场需求使水运行业面临新的挑战，比如存在一些不得不建港口但是土壤质地不适合建港口的地方。其次，开放的市场提供引进、模仿水运建设技术的可能。实践的需求加上消化、吸收和模仿，创新就应运而生。创新并不是凭空出现的，而是企业在"干中学"的实践中水到渠成的。

每一个水运工程都有不同要求，都面临个性化的海岸、水文和土壤，都需要技术创新。每完成一个工程，都会取得不同的技术进步，重大工程就会带来重大的技术突破。这些工程往往不是在已经完全具备知识与技术积累的情况下完成的，而是通过"干中学""学中干"摸爬滚打地实现的。

机械技术装备也在经历引进、消化和吸收过程后，在港口机械装备国际化水平方面异军突起。随着全球水运事业的日益发展，船舶日益大型化，港口机械也相应地向高效率、大型化和专业化方向发展。如"振华重工"适时抓住这一市场机遇，迎难而上，在被老牌港机装备制造商垄断的港机市场中，凭借比较优势下的技术实力、诚信经营和不屈不挠的振华精神迅速打开国际市场。

以"干中学"为主而带来的技术进步离不开水运建设队伍的努力。这支队伍不仅包括水运技术骨干、工程师和院士，还包括大量优质的技术工人和农民工。从事体力劳动的农民工具有基本的文化水平与学习能力，能够以较低的成本胜任水运建设中的劳动密集型工作。这些低成本的优质农民工是锻造国际竞争力的比较优势基础。勤劳是中国水运建设队伍从上到下的优秀素质，是推动中国水运事业发展不可忽视的重要力量。

五、国际制裁对疏浚行业的影响

2020年，美国宣称将24家中国企业列入"制裁"名单。被"制裁"的中国企业至少包括了5家中交集团的子公司，还有中国电子科技集团公司第七研究所、中国船舶重工集团有限公司第七二二研究所等企业或机构。

我们应该看到，制裁的确是美国的手段，这涉及企业合规管理，也涉及发达国家对中国的制裁等方面。这对中国疏浚有什么影响呢？我们可以采用一些比较常见的反制裁的方式，但是，在具体操作过程中，应对这方面的抵制还是比较困难的。

第一点，就需求而言，美国的制裁对中国国内市场的需求影响不大，但是对海外市场影响很大，因为这导致很多业主单位不愿意与中国的疏浚企业合作。

第二点，在装备方面，很多关键性的零部件、一些"卡脖子"的技术，掌握在外国人手里，在这种情况下，西方的制裁就不利于中国疏浚事业的进步。

第三点，制裁也导致中外疏浚技术人才的相互交流——邀请外国学者到中国传授疏浚技术和中国学者到外国去访问——几乎变成了不可能。面对制裁，我们最担心的就是是否会打破中国好不容易建立起来的产业链，使得我国难以去整合全球最先进的技术装备。

但是，另一个角度来看，制裁有可能加速推动我国进口替代的进程。以中港疏浚有限公司为例，西方限制反而是推动了国内相关产业行业相关领域的装备更新。以前我们出于质量、安全、稳健的需求大量进口国外装备，但现在出于客观现实制约只能购买中国自己造的动力系统、发动机系统，以及自己造的舵、泥泵。

从以上研究中可以看出，中国的疏浚事业是一个不断引进—消化—吸收—创新的过程。它不仅是一个纯粹的经济管理过程，也是一个政治过程，更是一个国际政治经济的过程。因此，从中国疏浚技术和企业治理百年变迁史中可以看到中国当前各个行业的所处阶段，以及怎么在已有行业里面尽快地推动科技自立自强和治理现代化，以创造更大的价值。

主要参考文献

[1] MARSHALL A. Principles of economics: An introductory volume [M].
     London: Macmillan, 1890.

[2] TÊNG S, FAIRBANK J K. China's response to the west: A documentary
     survey, 1839-1923 [M]. Cambridge, MA: Harvard University Press,
     1954.

[3] WALDER A G. Communist neo-traditionalism: Work and authority in
     Chinese industry [M]. Berkeley: University of California Press, 1986.

[4] FREEMAN R, FREEMAN C, FREEMAN S. Technology, policy, and
     economic performance: Lessons from Japan [J]. The Learning
     Economy and the Economics of Hope, 1987, 13 (3): 45-60.

[5] TIROLE J. The theory of industrial organization [M]. Cambridge, MA:
     MIT Press, 1988.

[6] CHANDLER A. Scale and scope: The dynamics of industrial capitalism
     [M]. Cambridge, MA: Belknap Press of the Harvard University Press,
     1990.

[7] DODGSON M. Organizational learning: A review of some literatures
     [J]. Organization Studies, 1993, 14 (3): 375-394.

[8] ACEMOGLU D, ROBINSON J A. Why nations fail: The origins of
     power, prosperity, and poverty [M]. New York: Crown Business,
     2012.

[9]   GOETZMANN W. Money changes everything：How finance made civilization possible ［M］. Princeton, NJ & Woodstock：Princeton University Press, 2016.

[10]   COASE R H. The nature of the firm ［J］. Eonomica, 1937, 4 (16)：386-405.

[11]   ROSENSTEIN-RODAN P N. The problems of industrialization of eastern and south-eastern Europe ［J］. The Economic Journal, 1943, 53 (210/211)：202-211.

[12]   NELSON R R. Institutions supporting technical change in the United States ［J］. Technical Change and Economic Theory, 1988, 19 (13)：312-329.

[13]   LIN Y, CAI F, LI Z. Competition, policy burdens, and state-owned enterprises reform ［J］. American Economic Review, 1998, 88 (2)：422-427.

[14]   NOLAN P, XIAOQIANG W. Beyond privatization：Institutional innovation and growth in China's large state-owned enterprises ［J］. World Development, 1999, 27 (1)：169-200.

[15]   MULLER E, ZENKER A. Business services as actors of knowledge transformation：The role of KIBS in regional and national innovation systems ［J］. Research Policy, 2001 (30)：1501-1516.

[16]   CALMS R B. Infrared spectroscopic studies on solid oxygen ［D］. Berkeley：University of California, 1965.

[17]   华民. 中国海关之实际状况 ［M］. 上海：神州国光社, 1933.

[18]   王铁崖. 中外旧约章汇编：第一册 ［M］. 北京：生活·读书·新知三联书店, 1957.

[19]   岑学吕. 三水梁燕孙先生年谱：上册 ［M］. 台北：文星书店出版社, 1962.

[20]   冀朝鼎. 中国历史上的基本经济区与水利事业的发展 ［M］. 北京：中国社会科学出版社, 1981.

[21]   全国经济委员会. 统一全国水利行政事业纪要 ［M］. 台北：文海出版社, 1988.

[22]   张后铨. 招商局史：近代部分 ［M］. 北京：人民交通出版社, 1988.

[23]   中村三登志. 中国工人运动史 ［M］. 王玉平, 译. 北京：工人出版社, 1989.

[24]   薄一波. 若干重大决策与事件的回顾：上卷 ［M］. 北京：中央党校出版

社，1991.

[25] 毛泽东. 毛泽东选集：第4卷［M］. 北京：人民出版社，1991.

[26] 邓小平. 前十年为后十年做好准备［M］//邓小平. 邓小平文选：第3卷. 北京：人民出版社，1993.

[27] 王轼刚. 长江航道史［M］. 北京：人民交通出版社，1993.

[28] 裘子法，尹才喜，亢政刚，等. 科技进步及其评价和案例［M］. 北京：北京科学技术出版社，1993.

[29] 张金锁. 技术经济学［M］. 北京：中国经济出版社，1993.

[30] 邓小平. 解放思想，实事求是，团结一致向前看［M］//邓小平文选：第2卷. 北京：人民出版社，1994.

[31] 林毅夫. 关于制度变迁的经济学理论：诱致性变迁与强制性变迁［M］//科斯，阿尔钦，诺斯，等. 财产权利与制度变迁——产权学派与新制度学派译文集. 上海：上海三联书店，上海人民出版社，1994.

[32] 吴敬琏. 现代公司与企业改革［M］. 天津：天津人民出版社，1994.

[33] 王国斌. 转变的中国——历史变迁与欧洲经验的局限［M］. 南京：江苏人民出版社，1998.

[34] 毛泽东. 企业管理委员会应有工程师、技师及职员参加（1948年4月26日）［M］//毛泽东. 毛泽东文集：第5卷. 北京：人民出版社，1999.

[35] 梅尔达德，巴格海，等. 增长炼金术：企业启动和持续增长之秘诀［M］. 北京：经济科学出版社，1999.

[36] 熊彼特. 经济发展理论：对于利润、资本、信贷、利息和经济周期的考察［M］. 何畏，译. 北京：商务印书馆，2000.

[37] 周星笛. 天津航道局史［M］. 北京：人民交通出版社，2000.

[38] 熊彼特. 经济史分析史：第1卷［M］. 朱泱，等译. 北京：商务印书馆，2001.

[39] 罗斯托. 经济增长的阶段：非共产党宣言［M］. 郭熙保，王松茂，译. 北京：中国社会科学出版社，2001.

[40] 张忠民. 艰难的变迁：近代中国公司制度研究［M］. 上海：上海社会科学院出版社，2002.

[41] 李汉林. 中国单位社会：议论、思考与研究［M］. 上海：上海人民出版社，2004.

[42] 韦伯. 支配社会学［M］. 康乐，简惠美，译. 桂林：广西师范大学出版社，2004.

[43] 中华人民共和国国家统计局. 中国统计年鉴2006［M］. 北京：中国统计出版社，2007.

[44] 霍奇逊. 经济学是如何忘记历史的：社会科学中的历史特性问题 [M]. 高伟，马霄鹏，于宛艳，译. 北京：中国人民大学出版社，2008.

[45] 交通部交通史编纂委员会，铁道部交通史编纂委员会. 近代交通史全编：第5册 [M]. 北京：国家图书馆出版社，2009.

[46] 马克思，恩格斯. 马克思恩格斯文集：第5卷 [M]. 中共中央马克思恩格斯列宁斯大林著作编译局，译. 北京：人民出版社，2009.

[47] 吴琼. 民国辽河工程局研究（1914—1934）[M]. 北京：国家图书馆出版社，2009.

[48] 上海航道局局史编写委员会. 上海航道局史（1905—1988）[M]. 上海：文汇出版社，2010.

[49] 武力. 中华人民共和国经济史 [M]. 北京：中国时代经济出版社，2010.

[50] 卞历南. 制度变迁的逻辑：中国现代国有企业制度之形成 [M]. 浙江：浙江大学出版社，2011.

[51] 华东师范大学中国当代史研究中心. 中国当代史研究 [M]. 北京：九州出版社，2011.

[52] 中共中央文献研究室. 西南局关于城市工作会议报告（1951年1月8日）[M] //建国以来重要文献选编：第2册. 北京：中央文献出版社，2011.

[53] 杨涛，李金全. 民初交通部研究 [M]. 西安：陕西科学技术出版社，2015.

[54] 戴一峰. 晚清海关组织建构论述 [M] //王玉茹，吴柏均. 经济发展与市场变迁——吴承明先生百年诞辰纪念文集. 天津：南开大学出版社，2016.

[55] 文一. 伟大的中国工业革命 [M]. 北京：清华大学出版社，2016.

[56] 马克思，恩格斯. 马克思恩格斯全集：第42卷 [M]. 中共中央马克思恩格斯列宁斯大林著作编译局，译. 北京：人民出版社，2017.

[57] 龙登高，常旭，熊金武，等. 国之润，自疏浚始：天津航道局120年发展史 [M]. 北京：清华大学出版社，2017.

[58] 周雪光. 中国国家治理的制度逻辑 [M]. 北京：生活·读书·新知三联书店，2017.

[59] 中国交通建设集团有限公司. 中国交通建设集团水运建设发展史 [M]. 北京：人民交通出版社，2022.

[60] 华北水利委员会. 海河工程局略说 [J]. 中国建设，1930，1（4）：73-91.

[61] 佚名. 天津市海河工程局职工会宣言 [J]. 华北水利月刊，1931，4（6）：121-129.

[62]　刘少奇．论国家工厂的管理［J］．斗争，1934（53）：4-9．

[63]　张闻天．中华苏维埃共和国人民委员会命令：中字第十六号（一九三四年四月十日）：苏维埃国有工厂管理条例［J］．红色中华，1934（175）：3．

[64]　佚名．荷兰治港公司被敌炸毁［J］．新世界，1938，11（8）：63．

[65]　翁文灏，钱昌照．告本会附属机关主持人员书［J］．资源委员会月刊，1939，1（1）：2-3．

[66]　刘渝光．天津内河航权放弃之检讨［J］．海事（武昌），1948（2）：32-33．

[67]　《当代中国的水运事业》编写组．新中国水运事业大事记（1949—1984）［J］．中国科技史杂志，1987（5）：52-64．

[68]　吴承明．早期中国近代化过程中的外部和内部因素——兼论张謇的实业路线［J］．教学与研究，1987（5）：48-52．

[69]　路风．单位：一种特殊的社会组织形式［J］．中国社会科学，1989（1）：71-88．

[70]　刘世锦．公有制经济内在矛盾及其解决方式比较［J］．经济研究，1991（1）：3-9．

[71]　周叔莲．我国企业管理的现状和对策［J］．管理世界，1991（1）：152-159；225．

[72]　吴承明．近代中国工业化的道路［J］．文史哲，1991（6）：67-72．

[73]　钱颖一．企业的治理结构改革和融资结构改革［J］．经济研究，1995（1）：20-29．

[74]　刘小玄．国有企业与非国有企业的产权结构及其对效率的影响［J］．经济研究，1995（7）：11-20．

[75]　孙敬水．测度广义技术进步增长率的新方法［J］．预测，1996（3）：67-68；58．

[76]　武力．五十年代国营企业党政关系的演变［J］．改革，1996（5）：110-117．

[77]　张忠民．近代中国公司制度中的"官利"与公司资本筹集［J］．改革，1998（3）：117-125．

[78]　姚洋．非国有经济成分对我国工业企业技术效率的影响［J］．经济研究，1998（12）：29-35．

[79]　刘元春．论路径依赖分析框架［J］．教学与研究，1999（1）：42-47；80．

[80]　刘海峰．产学研合作与国家创新体系［J］．重庆大学学报（社会科学版），1999（4）：63-65．

[81]　戴一峰．晚清中央与地方财政关系：以近代海关为中心［J］．中国经济史

研究，2000（4）：59-73.

[82] 谢世诚. 晚清吏治的腐败与洋务运动的失败 [J]. 南京师大学报（社会科学版），2001（6）：45-49；122.

[83] 林毅夫，刘培林. 自生能力和国企改革 [J]. 经济研究，2001（9）：60-70.

[84] 陈国权. 学习型组织的过程模型、本质特征和设计原则 [J]. 中国管理科学，2002（4）：87-95.

[85] 韩朝华. 明晰产权与规范政府 [J]. 经济研究，2003（2）：18-26；92.

[86] 蔡永明. 洋务企业的近代股份制运作探析 [J]. 中国社会经济史研究，2003（4）：86-91.

[87] 林毅夫，李志赟. 政策性负担、道德风险与预算软约束 [J]. 经济研究，2004（2）：17-27.

[88] 杜恂诚. 儒家伦理与中国近代企业制度 [J]. 财经研究，2005（1）：72-80；122.

[89] 田国强. 现代经济学的基本分析框架与研究方法 [J]. 经济研究，2005（2）：113-125.

[90] 林毅夫，张鹏飞. 后发优势、技术引进和落后国家的经济增长 [J]. 经济学（季刊），2005，4（4）：53-74.

[91] 刘欣. 当前中国社会阶层分化的制度基础 [J]. 社会学研究，2005（5）：1-25；243.

[92] 董志凯. 经济史与经济学的"源"、"流"之辩 [J]. 中国经济史研究，2006（1）：6-9.

[93] 杜恂诚. 近代中国无限责任企业的历史地位 [J]. 社会科学，2006（1）：34-40.

[94] 邱海洋. 制度变迁过程中的意识形态因素分析 [J]. 湖北经济学院学报，2006（3）：24-29.

[95] 朱荫贵. 中国近代股份制企业的特点——以资金运行为中心的考察 [J]. 中国社会科学，2006（5）：178-190；209.

[96] 周放生. 国有资产管理体制改革的历史沿革 [J]. 国有资产管理，2008（11）：51-52.

[97] 朱浒. 从赈务到洋务：江南绅商在洋务企业中的崛起 [J]. 清史研究，2009，73（1）：65-82.

[98] 钟书华. 论科技举国体制 [J]. 科学学研究，2009，27（12）：1785-1792.

[99] 王玉茹，赵劲松. 亲族关系与近代企业组织形式：交易费用解释框架

[J]. 山西大学学报（哲学社会科学版），2010，33（3）：45-50.

[100] 周雪光，艾云. 多重逻辑下的制度变迁———一个分析框架 [J]. 中国社会科学，2010（4）：132-150；223.

[101] 金碚. 论国有企业改革再定位 [J]. 中国工业经济，2010（4）：5-13.

[102] 吴金群. 新中国成立以来国企治理结构变迁的政治根源 [J]. 中共宁波市委党校学报，2010（4）：23-28.

[103] 魏淑君. 中国有限责任公司法律制度的历史解读———以国企公司化的百年变迁为视角 [J]. 法制与社会发展，2010，16（5）：128-136.

[104] 刘连岗，张欣. 关于大连港口历史及发展的几个问题 [J]. 世界海运，2010，33（12）：62-65.

[105] 肖德云，严艳芬，李伟保. 学习视角的国家创新体系研究综述 [J]. 中国科技论坛，2011（1）：47-52.

[106] 陈亮. 中国跨越"中等收入陷阱"的开放创新———从比较优势向竞争优势转变 [J]. 马克思主义研究，2011（3）：50-61.

[107] 刘作辉. 世界疏浚企业国际化、多元化经营对 EVA 影响的实证研究 [J]. 环渤海经济瞭望，2011（7）：42-45.

[108] 蔡昉. "中等收入陷阱"的理论、经验与针对性 [J]. 经济学动态，2011（12）：4-9.

[109] 吴延兵. 国有企业双重效率损失研究 [J]. 经济研究，2012，47（3）：15-27.

[110] 朱婷. 1949—1952年被接管官僚资本企业转化为新中国国营企业的历史考察———以上海国营纺织企业接管、改造与建制过程为中心 [J]. 上海经济研究，2012，24（9）：147-155.

[111] 李晚莲. 毛泽东时代的国企职代会与国家基层治理逻辑 [J]. 开放时代，2012（10）：45-54.

[112] 孙火军，熊金武. 中国近代银行业信用保证制度的演变———基于现代经济学原理的探索 [J]. 制度经济学研究，2013（1）：78-99.

[113] 林超超. 生产线上的革命———20世纪50年代上海工业企业的劳动竞赛 [J]. 开放时代，2013（1）：146-164.

[114] 赵晋. 旧工厂与新国家：1949—1952年的刘鸿生大中华火柴公司 [J]. 中国经济史研究，2013（2）：97-109.

[115] 李伯重. 水与中国历史———第21届国际历史科学大会开幕式的基调报告 [J]. 思想战线，2013，39（5）：2-6.

[116] 刘文沛. 浅析新中国政制体系建构的制度基础与苏联因素 [J]. 理论界，2013（9）：17-19.

[117] 何增科. 政府治理现代化与政府治理改革 [J]. 行政科学论坛，2014，1（2）：1-13.

[118] 洪功翔. 国有企业效率研究：进展、论争与评述 [J]. 政治经济学评论，2014，5（3）：180-195.

[119] 朱安东. 破除国有企业低效论——来自混合经济体的证据 [J]. 政治经济学评论，2014，5（4）：140-164.

[120] 蔡禾，李晚莲. 国有企业职工代表大会制度实践研究——一个案例厂的六十年变迁 [J]. 开放时代，2014（5）：43-53；5.

[121] 陈仕华，卢昌崇. 国有企业党组织的治理参与能够有效抑制并购中的"国有资产流失"吗？[J]. 管理世界，2014（5）：106-120.

[122] 周黎安. 行政发包制 [J]. 社会，2014，34（6）：1-38.

[123] 武力. 工业化视角下的中国道路与中国梦 [J]. 前线，2014（9）：43-45.

[124] 高雷业. 劳动生产率的七种定义及其应用价值 [J]. 经济问题探索，2014（12）：157-162.

[125] 林超超. 20世纪60年代中国工业托拉斯的兴起及其体制困境 [J]. 中国经济史研究，2015（1）：130-139.

[126] 霍尔兹，黄海莉. 中国国有企业万岁：消除其财务业绩不佳的神话 [J]. 政治经济学评论，2015，6（3）：63-103.

[127] 林盼. 红与专的张力：1949—1965年工人内部提拔技术干部的实践与问题 [J]. 学海，2015（3）：170-182.

[128] 高超群. 中国近代企业史的研究范式及其转型 [J]. 清华大学学报（哲学社会科学版），2015，30（6）：143-155；192-193.

[129] 张天华，张少华. 偏向性政策、资源配置与国有企业效率 [J]. 经济研究，2016，51（2）：126-139.

[130] 陈清泰. 资本化是国企改革的突破口 [J]. 中国金融，2016（4）：17-20.

[131] 陈平. 历史作为检验经济学理论的自然实验 [J]. 政治经济学评论，2016，7（5）：3-16.

[132] 王丹莉. 新中国国有资产管理模式的演变——从全面介入到两权分离 [J]. 当代中国史研究，2016，23（5）：16-26；124.

[133] 季春芳，李正华. 新中国成立初期中国共产党治国理政思想研究评述 [J]. 河南师范大学学报（哲学社会科学版），2017（2）：7.

[134] 文一，佛梯尔. 看得见的手：政府在命运多舛的中国工业革命中所扮演的角色 [J]. 经济资料译丛，2017（2）：1-42.

[135] 缪德刚，龙登高. 中国现代疏浚业的开拓与事功——基于海河工程局档案的考察（1897—1949）[J]. 河北学刊，2017，37（2）：133-140.

［136］乔士容，龙登高，林展．解放初国有企业工资影响因素的实证分析——基于天航档案中天津与上海数据的比较研究［J］．安徽师范大学学报（人文社会科学版），2017，45（4）：481-492．

［137］林毅夫．中国经济学理论发展与创新的思考［J］．经济研究，2017，52（5）：6-10．

［138］符鹏．天津解放初期工厂接管的历史实践与伦理意涵［J］．中共党史研究，2017（6）：54-70．

［139］龚宁，龙登高，伊巍．破冰：天津港冬季通航的实现——基于海河工程局中外文档案的研究［J］．中国经济史研究，2017（6）：103-114．

［140］龙登高，龚宁，孟德望．近代公共事业的制度创新［J］．清华大学学报（哲学社会科学版），2017，32（6）：170-182；197．

［141］孙泽学．认同·争议·命运——共和国初期国营企业实施"一长制"述论［J］．史学月刊，2017（10）：73-80．

［142］龙登高，龚宁，伊巍．近代公益机构的融资模式创新——海河工程局的公债发行［J］．近代史研究，2018（1）：112-123．

［143］黄群慧．"新国企"是怎么炼成的——中国国有企业改革40年回顾［J］．中国经济学人（英文版），2018，13（1）：58-83．

［144］伊巍，龙登高，王苗．洋总工程师负责制与近代航道疏浚业［J］．安徽师范大学学报（人文社会科学版），2018，46（4）：82-89．

［145］刘起涛．在建设世界一流企业征程中再创新辉煌［J］．建筑，2018（5）：14-15．

［146］张忠民．思路与方法：中国近代企业制度研究的再思考［J］．贵州社会科学，2018（6）：28-35．

［147］姜师立．中国大运河与世界水利水运遗产的对比分析［J］．运河学研究，2019（1）：194-209．

［148］熊金武，杨济菌．中国水运建设企业发展历程（1949—2017）［J］．企业史评论，2020（1）：203-218．

［149］熊金武．从土地单一税到地价税——兼论近代经济思想史领域内的欧洲中心论［J］．复旦大学学报（社会科学版），2020，62（1）：144-155．

［150］伊巍，龙登高．近代海关附加税与疏浚事业资金供给模式——以浚浦局档案为中心［J］．中国经济史研究，2020（3）：146-156．

［151］于之伟．初掌大工厂：中共对鞍钢的接管与早期复产（1948—1949）［J］．史林，2020（3）：168-183；222．

［152］龙登高，王明，黄玉玺．公共品供给的微观主体及其比较——基于中国水运基建的长时段考察［J］．管理世界，2020，36（4）：220-231．

[153] 熊金武. 中国国有企业治理的百年变迁：基于天津航道局的考察 [J]. 企业史评论，2021 (1)：254-280.

[154] 黄镇东. 从"一史一录"编纂工作谈新中国水运发展的历史成就与文化传承 [J]. 中国航海，2021，44 (A1)：1-7.

[155] 王苗，龙登高. 苏联专家与新中国水运事业建设 [J]. 河北学刊，2021，41 (2)：219-226.

[156] 龚宁. 清末黄浦江治理之争与浚浦局的设立 [J]. 清史研究，2021，128 (6)：18-28.

[157] 熊金武，陈碧舟，龙登高. 中国疏浚的变迁与发展 (1949—2000年) [J]. 金融博览，2022 (5)：24-26.

[158] 张志祥. 间断动力系统的随机扰动及其在守恒律方程中的应用 [D]. 北京：北京大学，1998.

[159] 吕方. 单位社会变革与社会基础秩序重构：以东北某超大型国企组织变革为个案 [D]. 长春：吉林大学，2010.

[160] 陈庆. 新中国国企改革思想的演进 [D]. 北京：中国政法大学，2015.

[161] 宋学印. 国际准前沿经济体的技术进步机制：从追赶导向到竞争导向 [D]. 杭州：浙江大学，2016.

[162] 杨济菡. 海河工程局 (处) 企业治理转型研究 (1945—1952) [D]. 北京：中国政法大学，2018.

[163] 张钦娟. 天津航道局多元化战略研究 [D]. 北京：中国政法大学，2019.

[164] 耿晖. 天津航道局技术进步研究 [D]. 北京：中国政法大学，2020.

[165] 刘欣源. 权力结构变迁与国营企业绩效关系研究——以天津航道局为例 (1949—1978) [D]. 北京：中国政法大学，2020.

[166] 余镐. 后发国家技术进步的机制与路径——基于中国疏浚装备技术的研究 [D]. 北京：中国政法大学，2023.

[167] 佚名. 工事：海河待濬 (录直报) [N]. 集成报，1897-03 (46).

[168] 佚名. 收回海河工程局此其时矣 [N]. 新闻周报，1931-08-23.

[169] 佚名. 统一水利行政——治水问题 [N]. 中央日报，1932-06-26.

[170] 丁文祥. 数字革命与竞争国际化 [N]. 中国青年报，2000-11-20 (15).

[171] 张田勤. 罪犯 DNA 库与生命伦理学计划 [N]. 大众科技报，2000-11-12 (7).

[172] 陈志武. 量化历史研究告诉我们什么 [N]. 经济观察报，2013-09-16.

[173] 佚名. 档案：见证中国港湾37年的坚守 [N]. 交通建设报，2017-08-24 (3).

[174] 訾谦. 中交集团：全面建设世界一流企业 [N]. 光明日报，2018-12-

10（11）．

［175］ 胡敏．心无旁骛振兴实体经济［N］．学习时报，2019-03-15．

［176］ 张林，杨建勇，张励．翁孟勇：长江口深水航道治理国家重大工程上马始末［EB/OL］．（2020-07-09）［2023-06-03］．https://www.thepaper.cn/newsDetail_forward_ 8191012．

［177］ 唐守伦．风雨历程——中港第四航务工程局史（1951—2001）［Z］．中港第四航务工程局，2001．

索引

后记

"夫知古不知今，谓之陆沉……夫知今不知古，谓之盲瞽。"这是东汉思想家王充在《论衡·谢短篇》中围绕古今关系而谈的一句话，表达了两个方面的意思。

其一，虽然历史是有益的，却不可以"空对空"地谈历史，变得愚昧迂执，而应该实事求是。只有提高对今日事物的认识水平，才能真正地更好地理解古人。自古以来，大历史学家无不是对整个社会有深刻体会和认识后，才写出究天人之际、通古今之变的大著。司马迁、司马光就是代表。整体上，这句话两个方面的意思类似一种否定之否定，提醒人们治学要了解古今，从历史看今天，从今天看历史，循序渐进，才能明晓更高层次的事理。

其二，历史使人明智。历史是最好的教科书，如果罔顾历史，就如同盲人一样，很可能重蹈覆辙。"疑今者，察之古；不知来者，视之往。万事之生也，异趣而同归，古今一也。"（《管子·形势》）历史虽然不会重复，却惊人相似。相对于其他文明，中国人的历史厚重感是最强的。五千年连续的历史是人类文明的瑰宝，而我们生活在历史中，历史就在我们身边。在观察当前的一些人和事的时候，如果带有动态的历史眼光，那么我们对很多问题的认识会与众不同。

"好"的学问应该是怎样的呢？就经济学而言，熊彼特提出科学的经济学分析应该包括历史、统计和理论三种工具。历史可以增加人们思维的长度，统计有利于提高人们的量化思维，理论有利于人们逻辑演绎，好的学问应该是三者的统一。理论和统计需要历史，而历史也需要理论和统计。一方面，经济学需要历史。经济学是"一门研究人类经济行为和经济现象及人们如何进行权衡取舍的学问"[①]，而经济史学研究历史上经济行为和经济现象。历史不是孤立的过去，而是具有历史惯性，包含了人类社会经济活动的经验。第一，历史是不容遗忘的经济学分析方法论。[②]从实证主义来看，历史事件如饥荒、瘟疫、大萧条等可以作为自然实验，检验经济学的基本理论，[③]而一些经济理论也必须要使用处于特定历史语境中的观察性数据才能得到证实。第二，历史是经济学理论的基础。经济是历史长河中的一个独特的过程，"目前经济分析中所犯的根本性错误，大部分是由于缺乏历史的经验"[④]。实践出真知，构建中国特色经济理论话语体系离不开"中国实践经验、马克思历史唯物主义基本原理和现代经济学研究范式"[⑤]。中国的经济实践不仅包括我们今天的实践，更包括历史的实践。鉴于中国数千年的连续的历史，中国经济史学的研究是探索中国经济学理论创新的实践基础。另一方面，历史需要理论和计量方法。历史学要"受到研究问题所驱动、指引，带着问题、猜想假设去整理并利用史料"，"史料海洋提供了人类经历的数据资料"，"是证明证伪社会科学各领域的理论结论的基础数据。关于历史的任何一项假设都

---

① 田国强. 现代经济学的基本分析框架与研究方法 [J]. 经济研究，2005（2）：113-125.
② 霍奇逊. 经济学是如何忘记历史的：社会科学中的历史特性问题 [M]. 高伟，马霄鹏，于宛艳，译. 北京：中国人民大学出版社，2008.
③ 陈平. 历史作为检验经济学理论的自然实验 [J]. 政治经济学评论，2016，7（5）：3-16.
④ 熊彼特. 经济史分析史（第1卷）[M]. 朱泱，等译. 北京：商务印书馆，2001.
⑤ 林毅夫. 中国经济学理论发展与创新的思考 [J]. 经济研究，2017，52（5）：6-10.

可以、也都应该放到历史中去检验"。①

经济史与经济学的"源""流"之辩是中国经济史学的学科定位之一。②中国经济史研究何以能够成为经济学创新的源呢？用历史数据研究经济问题，进而提出新的理论，才可能是"源"；简单用现代经济理论研究历史问题，就很可能是流。只有真正达到经济理论和定量分析方法互动融合，才可以促进经济理论和经济史学的互动发展。鉴于经济学已经量化，那么经济史要成为经济学的源，不仅是历史学加回归分析，或利用历史数据进行经济学研究，还需要研究和记录经济学理论未涉及的关键因素。只有这样的经济史研究，才能加快推动经济理论进步，成为现代经济学的源。

如果说中国学者能够对世界理论作出重大贡献，必然是从中国经济实践中提炼的。这种提炼出来的理论应该是经过实践检验的，很大可能是在基层作出的创新。所以，中国百年经济变迁最基础、最核心的部分很可能就是中国经济理论创新的部分。农业农村问题、企业问题等领域就是可能的突破点。近些年我去了很多企业、地方政府等调研，深刻感觉到理论联系实践的重要性。很多学科领域内都出现了理论严重滞后于实践的现象，单一学科知识很难应对复杂性实际问题。实践至少是与历史、统计和理论一样重要的治学方法。任何理论都要实践检验；历史是不断发展变化的实践；统计也是描述分析实践问题的一种方法。所以，除了介绍统计方法、经济学理论和历史事实外，更愿意介绍调研中收获的故事，那么企业史研究是一个可能的突破口。

2017年上半年，当中国政法大学经济史研究所更名为企业史研究所时，我就在琢磨怎么做好企业史研究。我一直认为经济史研究包括企业史研究，是一门更广泛、更高级的学问，会不会有舍大求小的可能。不过这个时候时刻回荡在脑海中的一句话是吴承明先生提出的"经济史应当成为经济学的源，而不是它的流"的概念。如果说经济史是经济学的源，而不是流，那么企业史的发展何尝不是现代管理学、经济学的源

① 陈志武. 量化历史研究告诉我们什么 [N]. 经济观察报，2013-09-16.
② 董志凯. 经济史与经济学的"源"、"流"之辩 [J]. 中国经济史研究，2006（1）：6-9.

呢？企业史研究是一个包括经济学、管理学、法学、历史学等学科的领域，可以更好地从微观角度去理解社会经济变迁，得到更加接地气的学问，让理论性与实践性更好地融合。源流之说宛如灯塔一般，让我想通了为什么做企业史，认真研究企业史这门学问。

从《史记·货殖列传》开始，中国学者就关注企业史和企业家研究，《史记·货殖列传》可以被认为是人类最早的企业史和企业家研究成果。在工业革命之后，企业是社会经济的基本单位，资本是最重要的生产要素，而企业家成为最重要的市场主体。从《史记·货殖列传》记载的秦汉企业家，到明清商帮，再到近代企业家和改革开放时期企业家，中国企业家精神可谓光辉灿烂。截至2022年年末，中国中小微企业数量已超过5 200万户，比2018年末增长51%。我国规模以上的工业中小企业户数达到40万户，营业收入超过75万亿元，利润总额达到4.7万亿元。其中，入围世界500强企业的工业企业达到73家，规模以上工业企业资产规模实现翻番，已培育4万多家"专精特新"中小企业、4 762家"小巨人"企业、848家制造业单项冠军企业；规模以上工业企业研发经费总额投入强度成倍提升，新产品销售收入占业务收入比重从11.9%提高到22.4%，570多家工业企业入围全球研发投入2 500强；专精特新"小巨人"企业中超六成属于工业基础领域，超七成深耕行业10年以上，超八成进入战略性新兴产业链，超九成是国内外知名大企业的配套专家；"小巨人"企业的平均研发强度达到10.3%，高于上市企业1.8个百分点。从这些数据来讲，理解历史上的企业和企业家精神有利于认知中国与世界长期经济变迁。

企业史研究要重视企业长期变迁。近代以来中国处于大转型时期，可谓"千年未有之大变局"。传统商业和传统商业文化都经历了这场大变革的洗礼。百年企业就是大变局中成功者，对当代中国企业发展为新的百年企业具有直接借鉴价值。同时，百年企业或者带着中国传统商业文化的痕迹，或者带着中国化的近代外来商业文化痕迹，都为分析中国传统商业文化现代化变迁提供了重要线索。百年企业是那些能够超越固有的企业寿命周期，在长历史中处于成长期和成熟期的持续发展公司，或者通过多次蜕变，能够保证企业在上百年的时间中生存和发展的公司。百年企业的"百年"并不是一个严格的时间概念，只是一个"长寿"的描述。中国改革开放过程中大量企业涌现，经过了40多年的大浪淘沙，也为企业史研究提供了大量样本。

制度变革是企业史研究的核心。在企业管理方面，工业革命时期总工程师的作用是巨大的，随着时代的变迁却慢慢变化。20世纪50年代曾搞"一长制"，由行政领导当一把手；后来是各党委领导下的厂长分工负责制；再后来是军代表和革委会；在改革开放以后，实行厂长（经理）负责制。这就是一个历史变迁的过程，企业家的作用实际上是大时代的缩影。企业家精神的释放往往与其所处时代息息相关。企业成长早期，法人治理结构、产业结构还没完成，企业家的命运和企业的命运是完全高度关联的。国有企业成功离不开特殊的中国体制。从计划经济体制到社会主义市场经济体制，很多大的历史变迁从不是个人能把握的，往往取决于国家的大历史脉络、大方向。在20世纪八九十年代，有了从"鞍钢宪法"到厂长（经理）负责制这种国家层面的体制变迁。20世纪90年代，国企改革抓大放小，推动央企上市，以中国的资本市场去支持中国的国企改革。这个大的战略与国有企业家才干结合才有了众多500强央企。在中国的特殊国情下，国企改革家、有关领导对决策机制的落实是非常重要的。

技术绩效是企业史研究的重要内容。科学技术是第一生产力。技术进步给人类社会发展带来的影响日益凸显，作为推动生产力发展的重要因素，已经成为近现代国家经济、社会、政治和文化等发展和强盛的重要基础和关键所在，也在国家间竞争方面有着特殊的战略地位。发展中国家长期经历着技术落后、经济发展缓慢的被动局面，越来越意识到在与其他国家竞争时，只能通过超常规的发展方式来提高自己的地位，进而赶上发达国家，而这种超常规方式只能是具有巨大超越能力的技术进步。我国作为世界上最大的发展中国家，在经历过以技术引进为主的技术追赶过程，缩小了同发达国家之间的技术差距之后，已逐渐意识到只有技术开发、自主创新才能跨越"中等收入陷阱"，才是实现长期、可持续技术进步的根本之道。从微观行业、企业视角出发的技术进步深度研究对理解科技创新具有一定启发意义。

为了更好地理解百年中国企业治理和技术绩效变迁，选择中国水运建设企业百年变迁作为案例，考察一个行业主要企业的变迁，对理解中国经济奇迹是有益的。

从2015年开始，我跟随清华大学龙登高教授参与了天津航道局企业史、中国水运建设史、中国疏浚史等项目，在用友公益基金会支持下完成了若干学术论文，指导当时的中国政法大学研究生杨济菡、张钦娟、耿晖、刘欣源、窦艳杰、余镐等同学完成一系列的硕士毕业论文和学术论文。在此将这些研究成果的主要部分合并在一起，作为一本小书，抛砖引玉。此次出版，中国社会科学院缪德刚副研究员、工信部中国电子信息产业发展研究院助理研究员杨济菡博士、汉阳大学博士研究生耿晖、上海财经大学博士研究生余镐等参与了书稿整理工作。本书是中国政法大学钱端升杰出学者支持计划资助项目阶段性成果和中国商业史学会企业史专业委员会系列研究成果，获得用友公益基金会、中央高校基本科研业务费专项资金和中国政法大学人文社科项目的资助。最后感谢东北财经大学出版社编辑的支持。

熊金武

中国政法大学商学院教授

中国政法大学企业家研究中心主任

中国商业史学会企业史专业委员会秘书长

2024年1月